SAMMETSDIKTATUREN

ANNA-LENA
LAURÉN

SAMMETS-DIKTATUREN

MOTSTÅND OCH MEDLÖPARE I DAGENS RYSSLAND

NORSTEDTS

AV ANNA-LENA LAURÉN HAR TIDIGARE UTGIVITS:

»De är inte kloka, de där ryssarna« – ögonblicksbilder från Ryssland 2008
I bergen finns inga herrar – om Kaukasien och dess folk 2009
Sedan jag kom till Moskva 2010
Frihetens pris är okänt 2013
Ukraina – gränslandet (med Peter Lodenius) 2015

MIX
Papper från ansvarsfulla källor
FSC® C002795

ISBN 978-91-1-310863-6

Norstedts, Stockholm
Omslag: Sara R. Acedo
Tryckt hos Livonia Print Ltd, Lettland 2021
www.norstedts.se
*
Norstedts ingår i Norstedts Förlagsgrupp AB,
grundad 1823

INNEHÅLL

»Att inte förvånas över någonting är
ett tecken på hög intelligens sägs det;
enligt min mening kan det lika väl
vara ett bevis på stor dumhet.«

Ippolit i *Idioten*, Fjodor Dostojevskij

STATEN OCH SAMHÄLLET

1. JÄRNNÄVEN I SAMMETSHANDSKEN

RYSKA EXPERTER TALAR ibland om sitt land som en sammetsdiktatur. På ryska säger man *barchatnaja diktatura.*

Det låter nästan som en eufemism, en förskönande omskrivning. Men det handlar om något annat. Uttrycket är ett sätt att definiera skillnaden mellan en totalitär stat och ett auktoritärt samhälle. Putins Ryssland är det sistnämnda.

Jag besökte Ryssland för första gången år 1996. Tjugo år gammal hade jag rest kors och tvärs i Västeuropa, men visste inget om Ryssland. Fram till Sovjetunionens fall hade jag, uppriktigt sagt, inte heller varit särskilt intresserad. Finland har en 1 340 kilometer lång gräns mot Ryssland. Över den gränsen hade Stalin skickat stridsvagnar mot oss 1939, samma år som min pappa föddes. Han kom fortfarande ihåg hur han fem år gammal såg ett sovjetiskt bombplan flyga över hans hemgård i Pargas, på väg att bomba cementfabriken. De flög så lågt att han kunde se den röda stjärnan på flygplanet och piloternas ansikten under läderhuvan.

Sovjetunionen var ingen sammetsdiktatur. Det var en riktig diktatur, och vi var endast intresserade av att hålla den på avstånd.

När Sovjetunionen upplöstes ändrades allt. Man kunde resa dit. Vi åkte ett bedagat tåg med pilsnerfärgade bänkar från Helsingfors till Sankt Petersburg. Resan tillryggalades på nästan sex timmar. I dag tar den tre och en halv timme.

Ryssland var ett stort och besynnerligt land. Det liknade inget annat jag sett. På järnvägsstationen doftade det stenkol. Petersburg var nedslitet, smutsigt och pampigt, det var gigantiskt och obegripligt, med bokstäver jag inte kunde läsa och ett språk jag inte förstod ett ord av.

Jag älskade människorna jag mötte, deras omedelbarhet och värme. Det är en sak som inte har ändrats på tjugo år. Att umgås med ryssar förblir lika fascinerande, uppleva dessa ständiga, överraskande samtalsvändningar, känsloutbrott och en klangbotten av djup mänsklighet.

Jag trodde då att ryskan helt och hållet saknade gemensamma drag med de andra språken jag kunde. Det var först när jag lärde mig språket som jag började känna igen alla ord från tyskan, franskan, svenskan och finskan. På samma sätt är den ryska kulturen och samhället fyllda av influenser utifrån, och mycket av det som verkar främmande, exotiskt och uttryckligen ryskt är i själva verket en blandning av ryskt och europeiskt. De medeltida kyrkorna i Kreml i Moskva ritades av italienska arkitekter, Rysslands andra stad Sankt Petersburg är Peter den stores försök att efterlikna Amsterdam.

Efter mitt första besök började jag återvända, av ren nyfikenhet. Jag fick vänner som jag har kvar än idag, över tjugo år senare. Och jag upplevde ett samhälle som ville förändras, som befann sig mitt i en övergång, där det fanns många förlorare, men också en berusande känsla av frihet. Allt var möjligt.

I jämförelse med dagens ryska samhällsklimat fanns det framför allt en häpnadsväckande frånvaro av komplex och behov av att hävda sig. Ryska flaggan var en symbol för frihet och demokrati. Inte för revanschlystnad eller så kallade patriotiska projekt. Jag är mycket tacksam för att jag hann uppleva detta Ryssland. Det har vaccinerat mig mot påståendena man ofta hör idag om 1990-talet som landets värsta, mest förödmjukande tid. Självfallet var det en mycket svår tid för många. Men det var också en tid av hopp.

Är det förödmjukande att vilja förändra sitt samhälle? Att tro att man har något att lära sig av andra?

För mig är det ett bevis på styrka, och jag minns att jag var imponerad av 1990-talets ryska nyfikenhet. Jag hörde aldrig någon ifrågasätta att Ryssland skulle vara ett imperium. Det var självklart även då att Ryssland skulle vara ett mäktigt land. Om det kan man tycka vad man vill, poängen är att man samtidigt ansåg sig ha något att lära av andra.

Den saken skulle så småningom ändras.

Jag flyttade första gången till Moskva år 2006. Det stod då klart att Putin höll på att montera ned allt som fanns av demokrati i Ryssland. Men på det ekonomiska planet tuffade Ryssland på som ett ånglok. Moskva var fullt av utländska affärsmän som täljde guld, framför allt inom konsumtions-, men också i bank-, bygg- och fastighetssektorn. Att hyra en bostad till ett överkomligt pris var nästan omöjligt, eftersom hyresvärdarna hellre lät bostäderna stå tomma än sänkte hyrorna. Jag minns en Nokia-anställd som precis skulle skriva på kontraktet när hans hyra plötsligt fördubblades.

Han skrev naturligtvis på i alla fall. Alla stora utländska

företag ville vara i Moskva och de var beredda att betala vad det kostade. Mellan 2000 och 2008 växte Rysslands bruttonationalprodukt med i medeltal 7 procent per år. Moskva var en enda stor konsumtionsfest.

År 2008 gick Ryssland in i Georgien. Samma år började ekonomin gå bakåt. Den återhämtade sig, men när Ryssland annekterade Krimhalvön 2014 kastades ekonomin in i en nedåtgående spiral vars följder man fortfarande lever med.

Att levnadsstandarden försämrades är visserligen inget nytt – ryssarna har en historisk vana av den sortens otrevliga överraskningar. Men att Ryssland inte längre betraktades som ett land med någon framtid, vare sig politiskt eller ekonomiskt, påverkade mycket mitt jobb som journalist. Att rapportera från ett land där allt bara verkar bli sämre är tärande för en korrespondent. Men jag hade ett mentalt försvar. Jag visste att det inte alltid hade varit så här, tack vare mina första upplevelser i 1990-talets Sankt Petersburg. Jag visste att det fanns ett annat Ryssland.

I Ryssland är det väldigt mycket som är tillåtet. Det är tillåtet att skrika att Putin är en idiot på bussen, att skriva kritiska texter, att säga vad man vill i de flesta sammanhang. Men i Putins system finns en hård auktoritär kärna. Om systemet uppfattar dig som en riktig fiende kan du få mycket stora problem.

Samtidigt är landet genomkorrupt. Det leder till att vanliga människor – lastbilschaufförer, bönder, småföretagare – kan bli utblottade bara för att någon mäktig tjänsteman vill åt deras egendom eller affärsverksamhet.

Att intervjua småföretagare som har förlorat sitt livsverk på grund av myndigheternas korruption och girighet är något som har präglat mig mycket som Rysslandskorrespondent.

När man diskuterar Putinregimens brott handlar det oftast om kränkningar mot mänskliga rättigheter och det fria ordet. Men problemet är inte begränsat till journalister eller människorättsaktivister. En av de värsta sakerna med Putinregimen är att den straffar alla i samhället som har idéer. Det lönar sig inte att tänka själv, att jobba hårt. Att vara en opportunist kan däremot ge rik utdelning.

Jobbet som journalist har blivit allt besvärligare. När jag blev Moskvakorrespondent 2006 var det ännu möjligt att få intervjuer med myndigheter. Det var byråkratiskt och besvärligt, men det gick. År 2020 vill nästan inga myndigheter tala med utländska journalister. Det leder till att man nästan aldrig får direkta citat av dem. I bästa fall kan man citera vad någon myndighetsperson har sagt i ryska medier. Men att de aldrig själva vill lägga fram sin sak, motivera sina beslut, gör att en viktig dimension av journalistiken försvinner. Detta är varken till Kremls eller journalistikens fördel, men det är så Putinregimen fungerar. Man avvisar dialog, det enda som gäller är monolog.

Kremls fientlighet mot väst har också påverkat vanliga ryssar. Nuförtiden får jag mycket oftare frågan »Hur kommer mitt svar att användas?« eller »Varför skriver utländska pressen om det här?« än tidigare. Det har också blivit vanligare att folk på gatan inte vill ge några intervjuer, eller inte vill tala om vad de heter.

Men fortfarande är det många som ställer upp. Ryssland är fullt av modiga människor. Samtidigt har nätets intåg lett till att det görs mer och bättre oberoende, grävande journalistik än någonsin förr.

Ofta får jag frågan om det inte är farligt att jobba som journalist i Ryssland. Jag svarar alltid att det inte är farligt för mig – jag är ju utlänning. Det är ryska journalister som är utsatta, speciellt de som gräver i korruption och ekonomisk brottslighet. Det kan rentav vara livsfarligt. Ändå finns det många journalister som gör det.

Det är farligt att vara oppositionell i Ryssland. Men det finns många oppositionella.

Det är farligt att gå på demonstrationer. Tiotusentals gör det.

Det är farligt att göra motstånd när ens företag blir kapat. När ens åkrar stjäls av jättelika bolag. När polisen gör en husundersökning för att man har deltagit i protester mot en avstjälpningsplats.

Allt det där är farligt. Ändå gör ryssar det.

I västvärlden finns det en uppfattning om ryssar som ett apatiskt, kuvat, kuschat folk. Och det är sant att en inte obetydlig del av befolkningen är beredd att tiga, att gå med på vad som helst, bara makthavarna lämnar dem själva och deras familjer ifred. Men det finns också många ryssar som är redo att riskera allt. Ryssar som lever i provinserna, som aldrig kommer att bli omskrivna av huvudstadspressen, för att inte tala om New York Times. De kommer aldrig att bli kända, ändå fortsätter de kämpa mot en övermakt som kan krossa dem som flugor.

En sådan person jag inte kan glömma är en sydrysk bonde vid namn Viktor Zelenskij. Jag intervjuar honom utanför Tichoretsk i södra Ryssland inför dumavalet 2016. Det är den svarta jordens land. Oändliga vidder fet, bördig jord. En kornbod som har fött landet i sekler. En gång var den hemvist för fria kosacker och självständiga bönder. På 1920-talet tvångskollektiviserades jorden och befolkningen föstes in i kolchoser. De duktigaste bönderna sändes till Sibirien efter att ha fråntagits sin boskap, sitt utsäde och sin jord.

All kunskap och kompetens som hade byggts upp inom jordbruket försvann. Nu försöker ryska bönder bygga upp jordbruket på nytt. De slåss mot en övermäktig fiende – gigantiska jordbruksföretag, så kallade agro holdings, som med hjälp av korrupta tjänstemän beslagtar den bästa jorden och kastar ut bönderna från deras arrendeåkrar.

Viktor Zelenskij älskar sin jord. Tillsammans med sin fru odlade han tidigare 120 hektar. Sedan började storföretagen roffa åt sig bit för bit av åkrarna han arrenderar. Nu har han 40 hektar kvar.

Zelenskij har deltagit i flera traktormarscher som ordnats i protest mot jätteföretagen. Han har suttit i fängelse, han har förlorat nästan all sin inkomst.

Medan jag intervjuar honom ser jag hur säkerhetstjänsten FSB:s bil svänger in och parkerar sig mitt på gården. De har förföljt oss under hela reportageresan. Samma morgon har de förhört mig i en timme. Det är otrevligt, men det är också allt.

Mig kan de sinka och irritera, Viktor Zelenskijs liv kan de däremot förstöra. Hur enkelt som helst. Det räcker med att ge åklagaren en signal att han ska dras inför rätta för något fabricerat brott.

Jag skäms och ber Viktor om ursäkt för att jag har släpat hit agenterna.

– Tjekisterna? (Tjekist är ett slangord för underrättelseofficer.) De ränner här i tid och otid. Jag har vant mig, säger bonden.

Han är helt lugn. Där han står på sitt välskötta gårdstun är han som en avbild av Maksim Gorkij – samma sorgsna blick, samma buskiga mustasch. Och något som jag inte kan sätta ord på – ett slags orubblig tålighet.

Det finns många andra exempel på hur enskilda människor i Ryssland står fast vid kampen för det rätta. Hur de vågar vara modiga trots att de innerst inne måste känna rädsla. Jag träffar de här människorna i mitt jobb hela tiden. De har inspirerat mig till den här boken.

De flesta kamper för rättvisa i Ryssland leder till nederlag. Ändå förs de ständigt. Systemet är inte totalitärt, det är auktoritärt. Dessutom oerhört korrupt, vilket samtidigt gör det både segt och skört. Segt eftersom eliten har ett starkt intresse av att systemet fortlever, skört eftersom alla egentligen vet hur ruttet det är.

Ordet »sammetsdiktatur« myntades i en annan tid. År 1880 lyckades revolutionärer spränga en bomb under tsarens matsal i Vinterpalatset i Sankt Petersburg. Tsar Alexander II utsåg då generalen Michail Loris-Melikov till chef för den högsta exekutiva kommissionen, med oinskränkta fullmakter. Denna kommission hade i uppdrag att kväsa de revolutionära rörelserna, men samtidigt genomföra progressiva reformer för att minska stödet för radikalerna. En järnnäve i en sammetshandske – en sammetsdiktatur.

Loris-Melikov införde lättnader i censuren. Han planerade en rad reformer som bland annat inbegrep att de så kallade *zemstvo*, en form av lokal representation, skulle få vara med och stifta lagar. Reformerna fick ett abrupt slut då tsar Alexander II mördades av terrororganisationen Narodnaja volja den 13 mars 1881. Därefter tillträdde den reaktionära Alexander III, som betraktade tsarens makt som oinskränkt.

Putin inledde sin presidentbana år 2000 med ett antal lyckade skattereformer. Sedan gick han i en alltmer auktoritär riktning. Det fria ordet kringskars, oppositionella trakasserades och fängslades, företagare snärjdes i byråkrati och statskorporativism. Tjugo år senare liknar Putins system en bedagad skådespelare som håller masken uppe med hjälp av botox, men har stora problem med sitt förhållande till droger, i Rysslands fall beroendet av olje- och gasreserverna.

Utåt visar Kreml upp en glittrande fasad, i all synnerhet i huvudstaden Moskva som har bytt skepnad totalt de senaste åren. Men systemet äts upp inifrån av korruption, laglöshet och repressioner. Moskva har fått cykelvägar, fina urbana vardagsrum och hipstercaféer. Samtidigt står ett uppumpat nationalgarde Rosgvardija redo att slå ned alla oönskade demonstrationer.

Det mest väsentliga när det gäller att förstå det auktoritära systemet i Ryssland är att det inte är vattentätt. Att människorna i Putins sammetsdiktatur har tillgång till samma information som resten av världen. Att ukaserna som kommer uppifrån ofta kringgås. Om en nätsida stängs ned byggs den upp på nytt, eller får en ny ip-adress i ett annat land. Många går in på nätet via vpn (virtuella privata nätverk) och använder krypterade meddelandetjänster.

En sådan tjänst är Telegram, skapad av det ryska underbarnet Pavel Durov. Telegram blev snabbt populärt, inte minst bland Kremls höga tjänstemän som är övervakade av FSB och gärna använder sig av en kanal där säkerhetstjänsten inte kan spionera på dem. Det var med andra ord inte överraskande att FSB vill förbjuda Telegram. År 2018 kämpade den ryska övervakningsmyndigheten Roskomnadzor i veckor för att stänga ned den.

De förlorade. Roskomnadzor hade mött sin överman – i en ryss som visste exakt vad han gjorde och vilket system han hade emot sig.

Det fria ordet är ständigt hotat i Ryssland. Mänskliga rättigheter kränks, statsapparaten bryter mot internationella avtal, valen är varken fria eller rättvisa. Oliktänkare trakasseras, oppositionella tillåts inte ställa upp i val, demonstranter grips och tilldelas långa fängelsestraff för fabricerade brott. I fängelser och armén förekommer systematisk tortyr och pennalism. Rättsväsendet är genomkorrupt, politiska rättegångar legio.

Ryssland är samtidigt ett land med ett produktivt och vildvuxet kulturliv, författare och teatrar i världsklass, strålande satiriker, oberoende medier, en stark och obruten tradition av oliktänkare och dissidenter.

Jag får ofta frågan hur man kan få reda på något i ett auktoritärt system som det ryska. Försöker inte makthavarna undanhålla information? Naturligtvis försöker de. Men de misslyckas. Ryska journalister och bloggare ger inte upp. De vänder envist på varje sten.

Ryssland har aldrig varit demokratiskt. Det är därför inte överraskande att ryssar ofta har en annan syn på samhälle, demokrati och jämställdhet än vi i väst. Det gäller även ryssar som vill ha demokrati och mänskliga rättigheter. Deras uppfattning om demokrati är ofta maximalistisk och svartvit. Om de valdes till ledare i demokratiska val är det inte säkert att vi vore särskilt glada över den politik de skulle driva.

Men det betyder inte att Ryssland av naturen inte förmår vara en demokrati. Problemet är att själva demokratibygget i Ryssland inte ens har påbörjats. Den största stötestenen är oviljan att göra upp med sitt förflutna, med traditionen av auktoritärt styre. Ryssarna verkar inte kunna bestämma sig. Å ena sidan vill man leva som i väst. Å andra sidan vill man inte ta avstånd från den del av sin historia som hindrar en från att leva som i väst.

Alla de initiativ som Putins föregångare Boris Jeltsin gjorde för att gå till botten med landets förflutna har stoppats. Putin säger ofta att Rysslands stolta historia förpliktar, men i verkligheten är det tvärtom – den sovjetnostalgi han odlar är populär just därför att den inte förpliktar till något. Den går ut på att känna stolthet över uppoffringar som andra har gjort.

Därför går det inte att ställa frågan: När ska Ryssland bli en demokrati? Den är helt omöjlig att svara på så länge förutsättningarna saknas.

Men det betyder inte att ingenting händer. Den största enskilda förändringen sker i det ryska civilsamhället, som har lärt sig att organisera sig och använda sociala medier.

Ständigt hör jag folk i Ryssland säga: Så här har det alltid varit, så här kommer det att förbli. Men samtidigt som cynismen förlamar stora delar av det ryska samhället finns det en underliggande ström av motstånd. En övertygelse om att sanning och lögn, rätt och fel existerar. Och det är ett motstånd som tilltar, i takt med att Putinregimens grepp hårdnar.

Jag tror inte att Ryssland blir någon demokrati inom en överskådlig framtid. Men jag tror på förändring. Den är oundviklig. Frågan är när den ska ske.

När den väl är ett faktum kommer alla att betrakta den som fullkomligt självklar.

2. ENVÄLDETS BRÄCKLIGHET

EN JULIFÖRMIDDAG I Sankt Petersburg kör min kompis Sasja mig till järnvägsstationen. Jag är på väg till Finland på semester och ska ta tåget till Helsingfors. Vi passerar bron mellan två öar – Vasilevskij och Petrogradskij – när vi plötsligt hör ett brummande från skyn. Fyra militärhelikoptrar flyger över Nevafloden.

När vi har kommit över på Petrogradskij-sidan passerar ett amfibieplan.

– Vad är det som pågår? undrar jag.

Inför den 9 maj, då man firar segern i andra världskriget, är det vanligt att militären rör sig i ryska städer. Men nu är vi i mitten av juli, en månad som borde vara fri från patriotiska helgdagar.

– Det är vår krigsmakt som visar sin styrka. Alla kan dra åt helvete! Vi är utan pengar och går med rumpan bar, men våra robotar flyger längre än alla andras! utropar Sasja dramatiskt.

Han avbryts av en ny ljudvåg. Ytterligare två militärplan passerar under öronbedövande brummande.

– De där planen är byggda för att släppa ner atombomber. Vardag för oss! Militärhelikoptrar och bombplan till höger och vänster! Ekonomin går åt helvete och man har inte råd att resa någonstans, men vad gör det! Åtminstone gör vi världens bästa luftvärnsrobotar! utropar Sasja.

Vi skrattar båda två så vi knappt kan prata.

Rysk självironi är svår att förklara, den måste upplevas. Absurd och uppsluppen, närmast karnevalistisk. Inte sällan reflekterar den ryssarnas tudelade inställning till sin egen stat. Å ena sidan kan man inte låta bli att vara stolt över den ryska militärindustrin, över att tillhöra världens kärnvapenmakter. Å andra sidan lever man i en vardag av dåliga vägar, nedmonterad hälsovård och korrupta tjänstemän. Skämten är ett sätt att hantera den motstridiga känsla som uppstår när beslutsfattare ständigt talar om hur starkt och mäktigt Ryssland är, samtidigt som en kemilärare får motsvarande tvåhundra euro i månadslön.

Mycket av Kremls agerande handlar om att skramla med vapen, polera sin sköld och slå sig för bröstet. Allt är dock inte vapenskrammel. Ibland går man från ord till handling.

Det finns ingenting att skratta åt när man sitter i bombskydd i Donbass i östra Ukraina och lyssnar på ljudet av Gradraketer som avfyras. Eller då man står invid landningsbanan på den ryska basen Khmeimim i Syrien och ser bombplan lyfta med sin dödliga last mot Deir ez-Zor. Rysktillverkade SU-34:or som kan både anfalla och bomba.

I Syrien har Ryssland bevisat att man har kapacitet att genomföra omfattande och komplicerade krigsoperationer långt utanför landets gränser. Det råder inget tvivel om vad Kreml är kapabelt till, politiskt, moraliskt och militärt.

Men när analytiker i västvärlden talar om hur Ryssland är i färd med att bygga upp »russkij mir«, en global rysk värld, kan jag ändå ibland känna ett svagt skratt bubbla upp inom mig. En global rysk värld? I jämförelse med kinesernas lugna, systematiska världsövertagande är Kreml ett gäng emotionella gaphalsar. Den ryska statsledningen har grandiosa planer och är mycket bra på att ställa till stor oreda i sitt grannskap. Men ingenting fullföljs.

Kreml bullrar och skramlar, hotar och utpressar. Grannar invaderas. Putin håller hotfulla tal om Rysslands kärnvapenpotential. Man för en massa oljud. Om man mot förmodan gör verklighet av hoten, sker det bara med länder som inte kan svara militärt.

Man lämnar en rad halvmesyrer efter sig – östra Ukraina, Nordossetien, Transnistrien. Medan Ryssland beter sig som en elefant i en porslinsbutik utökar Kina lugnt sitt inflytande genom att köpa upp hamnar och elnät, bygga infrastruktur, kraftverk och vägar i världens fattiga länder. På det sättet knyter man dem till sig. Ryska investeringar utomlands begränsar sig till att bygga kärnkraftverk och dra gasledningar. Kinas ekonomi är den största i världen efter USA:s, medan Ryssland inte tar sig in på tio-i-topp enligt någon ekonomisk parameter, vare sig storlek på BNP eller BNP per capita.

Den ryska inblandningen i amerikanska presidentvalet 2016 väckte starka reaktioner därför att det var första gången man försökte sig på något sådant. Ryssland har länge blandat sig i valprocesser i sina grannländer, men att man försökte påverka valutgången i världens mäktigaste land uppfattades som något oerhört i västvärlden.

Delvis kröntes försöket med framgång. Inte för att Kreml lyckades få Trump vald – han hade blivit vald även utan ryska hackare och troll – utan för att man lyckades få omgivningen att tro att så var fallet. Mycket av det som Ryssland gör handlar om att skapa en illusion av att kontroll och maktutövning.

Att Kreml har en stark våldspotential är uppenbart. Dessutom är dess förmåga att ställa till med oreda och förvirring med hjälp av digital och psykologisk krigsföring stor. De ryska makthavarna förstod tidigt hur man med små medel kan föra ett framgångsrikt informationskrig genom att rikta in sig på sociala medier.

Som korrespondent vill man rapportera sanningsenligt om Kremls roll i världen, utan överdrifter åt något håll. Balansgången är svår. Kremls största talang är att ställa till med oreda och förvirring, och de vill gärna att vi ska vara lite ängsliga. Man måste därför hela tiden göra avvägningar om vad man ska eller inte ska rapportera om, vilket i sin tur ibland leder till arga reaktioner från hökfalanger som ser Putin i varje buske och inte kan förstå varför rysslandsbevakningen »förtiger« Putins inblandning i allt mellan himmel och jord.

Kremlmaskineriet anser för sin del att man är russofobisk eftersom man rapporterar om problem de själva ställer till med. Det har lett till en »vi mot dem«-konstellation.

När ryska utrikesministeriet började hålla regelbundna briefingar efter annekteringen av Krimhalvön gick jag till en början på dem så ofta jag kunde. Jag välkomnade initiativet – det kändes som en öppning, en vilja att öka förståelsen. Att de försöker övertyga oss om sin egen linje är självklart och helt i sin ordning. Men det är en sak att försöka övertyga, en annan att möta varje kritisk fråga med propagandistisk envägskommunikation. Briefingar är till för att klargöra, inte för att skälla ut korrespondenter som skriver fel saker.

På 1990-talet var det vanligt att utländska diplomater och journalister kände ryska politiker och beslutsfattare personligen. Det fanns konkret, handfast kunskap om vad som egentligen pågick inom den ryska eliten. I dag är beröringsytorna mellan den ryska eliten och utländska korrespondenter få. Att få intervjuer med ryska beslutsfattare är svårt och tidskrävande, och intervjuerna blir sällan något annat än att ett statiskt upprepande av färdiga fraser. Ryska beslutsfattare utgår ifrån att anfall är bästa försvar, en sovjetisk metod som man misstar för styrkedemonstration. Resultatet är bara att alla slutar lyssna.

Det finns en märkligt nonchalant inställning i Kreml när det gäller praktiska detaljer. Å ena sidan lägger man ner miljoner på olika pr-projekt. Journalister bjuds på gratisresor, pr-konsulter och spinndoktorer anställs. Å andra sidan slarvar man med småsaker som det inte skulle kosta något att korrigera.

När Putin till exempel träffar statsmän i sitt residens Novo-Ogarjovo utanför Moskva är antalet sittplatser i journalisternas väntrum ytterst begränsat. Större delen av rummet upptas av ett jättelikt biljardbord, där det är förbjudet att ställa utrustning. Följden blir att det knappt går att jobba, eftersom man inte har någonstans att sätta sig och det inte finns någon plats att ställa datorn. Det är kort sagt helt obegripligt varför biljardbordet måste stå där.

År 2007 höll Ryssland och EU ett toppmöte i Samara. Här hade man en ypperlig möjlighet att skapa en positiv bild av Ryssland för crème de la crème av Brysseljournalisterna. Man svarade med att trycka in dem i ett alldeles för litet rum där de fick slåss om arbetsutrymmet. Den så kallade pressalen var så underdimensionerad att rena huggsexan utbröt bland journalisterna om sittplatserna.

År 2008 hölls en officiell konferens i Chanty-Mansijsk för de finsk-ugriska folken. När id-korten för ackrediterade journalister skulle delas ut i hotellets reception anlände en ung tjänsteman och hävde upp allas kort i ett virrvarr på ett bord. Banden var intrasslade i varandra. Alla fick försöka hitta sitt kort på vinst och förlust.

Det normala inför konferenser är annars att man delar ut ackrediteringskorten i alfabetisk ordning. Man ser till att journalisterna har ordentliga arbetsutrymmen. Man sköter helt enkelt de praktiska frågorna på ett ändamålsenligt sätt. Men när Kreml står bakom arrangemangen ser man ofta lösningar som verkar vara gjorda på en höft. Det är som om ingen har tänkt på hur det ska fungera i praktiken, trots att man samtidigt lägger ner enorma resurser på storstilade pr-projekt som OS i Sotji och försöket att bygga ett ryskt Silicon Valley i Skolkovo utanför Moskva.

Kreml älskar att slå på stort, men man vill aldrig göra några hemläxor.

Att Ryssland vill ha inflytande i världen är klart. Det är det som Kreml ständigt jobbar på. Hur framgångsrik Putinregimen är beror på hur man ser det. Kreml visar visserligen prov på stor uppfinningsrikedom när det gäller olika former av hybridkrig, men samtidigt håller man sig hela tiden på samma planhalva. Det handlar alltid om någon form av tvång. Aldrig om att väcka positiva känslor, att få andra att gilla Ryssland frivilligt. Begreppet *soft power* verkar den ryska statsledningen inte ha studerat.

När jag besökte universitetet i Tblisi några år före kriget i Georgien 2008 berättade en ung professor i filosofi att de hade brist på kurslitteratur. Som tur var fick de hjälp av flera EU-länder. En följd av detta var att de engelskspråkiga böckerna i biblioteket hade blivit fler. Av Ryssland hade de inte fått en enda bok. Detta trots att den äldre generationen, och även en (stadigt minskande) andel unga georgier, fortfarande kan ryska.

Något år senare invaderade Ryssland Georgien och ockuperade i praktiken Syd-Ossetien och Abchazien. I dag är relationerna ytterst kyliga.

Det är svårt att förstå varför Moskva aldrig satsar på en mjukare maktutövning i före detta sovjetländer. Varför donerar man inte rysk litteratur till universiteten, håller ryska filmfestivaler, bjuder in ryska band till Tbilisi, Kiev och Bisjkek?

Istället hotar man och idkar utpressning. Man invaderar och ockuperar andras territorium. Resultatet är att majoriteten av de forna sovjetländerna idag är eniga om att man måste orientera sig västerut, bort från Ryssland. Att satsa på EU har blivit mainstream, ett självklart val. Den största orsaken är Kremls eget beteende.

Ryskkunskaperna i de före detta sovjetländerna blir hela tiden sämre. Det finns dock fortfarande omfattande passiva kunskaper, som skulle kunna uppmuntras och upprätthållas till exempel genom en genomtänkt policy av kulturexport. Men ingenting görs. Kreml kan bara kommunicera genom grova maktmedel, varvade med sovjetfloskler om vänskap och samarbete.

Moskva är helt oförmöget att erbjuda sina forna republiker

något som de verkligen är intresserade av, trots den gigantiska ryska litteratur- och musikskatten och trots att den ryska dominansen inom populärkulturen fortfarande är stor där. Ryssland är landet med överlägset största ekonomiska, politiska och kulturella resurser i sin region. Hur är det möjligt att man inte klarar av att utnyttja sin ställning på ett smartare sätt?

Att exportera sin gas billigt, i utbyte mot politiska lojaliteter, har länge varit Kremls favorittaktik. Den har nått vägs ände. Både Georgien och Ukraina väljer att betala dyrare för annan gas, hellre än att hamna under ryskt inflytande. Utpressning föder aldrig lojaliteter.

En orsak till att Kreml inte förmår byta taktik kan vara den djupt liggande cynism som är ett av sovjetsamhällets mest destruktiva arv. Kreml beter sig illa mot sina grannar, men det är ingenting i jämförelse med hur man beter sig mot sitt eget folk.

Höga tjänstemän och beslutsfattare gör sig själva stormrika genom att systematiskt stjäla statliga tillgångar. Att investera sina stulna pengar tillbaka i sitt eget land har de inte en tanke på. Alla tillgångar slussas via olika skalbolag ut till skatteparadis på Caymanöarna, Jersey och Cypern. Man köper bostäder i Miami, villor i Italien och lyxjakter på franska Rivieran. Sina barn skickar man till brittiska elitskolor. En bråkdel av det ryska kapitalet arbetar för landets bästa. Samtidigt håller man ständiga brandtal där Europa utmålas som en förlorad kontinent, förstörd av homosexuella och invandrare.

En viktig del av verklighetsuppfattningen hos dessa människor är att alla andra är likadana som de själva. Det lönar sig inte att vara hederlig, det lönar sig inte att följa regler och avtal, det lönar sig inte att respektera svagare.

Exemplen är oräkneliga.

År 2013 avslöjar oppositionsledaren Aleksej Navalnyj att Vladimir Pechtin, som leder etikutskottet i duman, äger två fastigheter i Miami Beach och ytterligare en i Ormond Beach. Hans sammanlagda fastighetsinnehav i USA är värt över två miljoner dollar, pengar han omöjligt kan ha tjänat in på sin lön. Genom att inte deklarera dessa fastigheter har han brutit mot rysk lag.

År 2015 avslöjar samma Navalnyj att Dmitrij Peskov, Vladimir Putins pressekreterare, bär en klocka värd 600 000 euro. Hans tjänstemannalön räcker knappast till för att betala för den.

Samma år avgår Vladimir Jakunin som chef för ryska järnvägarna RZD, efter att det har visat sig att hans son Andrej – som har gjort sig en förmögenhet bland annat genom affärer med RZD – har brittiskt medborgarskap. Det ser ytterst illa ut i en situation där Ryssland för ett politiskt krig mot västvärlden efter Krimannekteringen och påföljande sanktioner.

I december samma år publicerar Navalnyj uppgifter om att riksåklagaren Jurij Tjajkas son Artiom Tjajka äger lyxhotell i Grekland. Två år senare avslöjar Navalnyj att premiärminister Dmitrij Medvedev, via invecklade offshore-arrangemang, äger flera lyxfastigheter och jakter. Samma år kom avslöjandet att den Putintrogna tv-journalisten Vladimir Solovjov har en lyxvilla i Italien, värd över en miljon euro.

År 2019 publicerar Navalnyj uppgifter om att Dmitrij Rogozin, som leder det ryska rymdinstitutet Roskosmos, äger ett hus och en jättelik tomt utanför Moskva, värd över 2 miljoner euro. Samtidigt har Roskosmos stora problem med att få resurserna att räcka till för forskningen.

Och så vidare, och så vidare, och så vidare.

Eliten i Kreml lever i uppfattningen att alla som är underlägsna kan behandlas på samma sätt. Den svagare har aldrig något att säga till om. Det är därför man anklagar västvärlden för att ta in före detta socialistländer i Nato. Man vägrar tro att Nato gör det därför att de baltiska länderna, Ungern och Polen själva ansökt om medlemskap. Varför skulle Nato, med USA i spetsen, bry sig om vad mindre länder vill? Det här handlar naturligtvis om att göra livet surt för Ryssland.

Ett stort problem för de ryska beslutsfattarna – något de visserligen inte är ensamma om – är att de saknar fantasi, förmåga att sätta sig in i hur andra tänker.

Bristen på fantasi och det allt överskuggande behovet av att roffa åt sig har gjort stora delar av den ryska eliten sårbar. Det har skapat ett övre samhällsskikt som högljutt förespråkar patriotism men själv inte bottnar i något annat än cynism och girighet. Det gör eliten lätt att styra, men samtidigt opålitlig ur Putins synvinkel. Om det man sätter högst av allt är Richard Mille-klockor, bostäder i Miami Beach och privatplan av märket Falcon kan man inte vara lojal mot något annat. Och det vet Putin.

Han vet att han inte kan lita på sin elit en enda sekund.

Putinregimen är på en gång stark och svag. Stark därför att alla som sitter på nyckelpositioner har ett mycket stort personligt intresse av att den inte ska falla. Svag därför att om någon oberoende faktor plötsligt skulle försvaga Putins ställning, och han inte länge skulle kunna garantera eliten dess privilegier, så kommer han att förlora sina allierade på bråkdelen av en sekund.

Demokratiska institutioner kritiseras ofta för att vara långsamma och ineffektiva. Men det har visat sig att de i krissituationer står rycken betydligt bättre än auktoritära system. Putin tycker om att framställa sig själv som en garant för stabilitet, men gjorde en påfallande slät figur när oljepriserna rasade och corona-pandemin slog till. Han visste inte vad han skulle göra och hade inga institutioner att falla tillbaka på.

I dagens situation är det ändå svårt att se vad som allvarligt skulle kunna försvaga Putin. Men när man befinner sig mitt i någonting är det aldrig möjligt att ha total överblick.

Ingen förutsåg Sovjetunionens fall, men i efterhand verkade det självklart.

3. SHOWEN MÅSTE GÅ VIDARE

EN VÄNINNA TILL mig talar om varför hon betraktar sin svärmor som världens bästa mamma.

– När Sergej var tonåring hade han fest hemma en gång medan föräldrarna var bortresta. De förde en massa oväsen och när hans mamma kom hem klagade grannarna. Hon försvarade sin son som en lejoninna. Sade åt grannarna att dra åt skogen.

– Jaha.

– Så fort hon hade stängt dörren vände hon sig till Sergej och skällde ut honom.

– Jaha?

– Så gör en riktigt bra mamma.

Jag var häpen. Det normala i mina ögon hade varit att be om ursäkt för det skedda. Men i Ryssland är utgångspunkten ofta den motsatta. Om man erkänner att man haft fel får man bara ännu större problem. Anfall är bästa försvar.

Reflexen att inte vilja erkänna ett misstag är inte rysk, utan postsovjetisk. Den har att göra med en historisk erfarenhet av att alla problem löses genom att man letar fram och straffar den skyldiga. Inte genom att undersöka system och rutiner för att försäkra sig om att misstaget inte upprepas. Det är oviktigt. Det viktiga är att visa dådkraft genom att straffa. När ett flygplan förolyckas i Ryssland är det regel snarare än undantag att felet tillskrivs piloten.

Att vägra erkänna misstag man gjort är inget unikt för statsledningar. De flesta brukar undvika det i det längsta. Man hänvisar till utredningar, man skjuter problemet framför sig. Men när man blir överbevisad brukar man till sist be om ursäkt. Till exempel vägrade USA i det längsta att medge att man utövade tortyr mot irakiska fångar i Abu Ghraib, men då det ovedersägliga videomaterialet läckte ut erkände man.

Det finns också ett slags erkännandekultur i västländer. En rysk journalistkollega till mig tycker om att härma den.

– »Vi beklagar djupt…« »Vi är chockade…« »Detta får aldrig upprepas…« »Vi tar det skedda på största allvar…« Amerikanerna kan det! Våra klantskallar till ledare fattar inte hur man ska göra! suckar hon.

Kreml erkänner aldrig och beklagar ingenting. Kremls taktik är en annan: Att blåneka i all oändlighet och samtidigt sprida ett ymnigt flöde av konspirationsteorier.

Den 17 juli 2014 skjuter ryskstödda separatister i Ukraina av misstag ned ett passagerarplan på väg från Amsterdam till Kuala Lumpur.

Ryssland har fortfarande inte erkänt någon skuld.

Den 8 januari 2020 skjuter det iranska luftförsvaret av misstag ned ett passagerarplan, som precis har lyft från Teherans flygplats.

Efter tre dagar erkänner Iran sin skuld.

Iran är en betydligt värre diktatur än Ryssland. Varför erkänner Khamenei, men inte Putin?

Ett uppenbart svar är att för Ryssland står något annat på spel: Man vill inte erkänna sin militära närvaro i Ukraina. Samtidigt framstår argumentet som absurt, eftersom alla redan vet att Ryssland är där. Att man sänder in trupper, militärmateriel, att man håller separatiststyret under armarna genom att stöda det ekonomiskt, betala ut pensioner, bistå med löner till statliga och kommunala tjänstemän. Valutan i de separatistkontrollerade områdena är ryska rubel, inte ukrainska hryvnia. Det finns ovedersägliga bevis på att ryska soldater har deltagit i strider mot ukrainska armén.

Varför vägrar man att erkänna något som alla redan vet?

Förhållandet till sanning och lögn är mycket speciellt i Kreml. Den ryska statsledningens förmåga att ständigt motsäga sig själv på ett helt uppenbart sätt, och samtidigt låtsas som ingenting, är slående. Det handlar inte om enskilda lögner. Det sker igen och igen, med en envishet som trotsar all beskrivning.

När Iran erkänner sitt misstag twittrar tv-kanalen RT:s (Russia Today) chefredaktör Margarita Simonjan att Iran handlar »som en man«. Innan dess har det statsfinansierade propagandaorgan hon leder i åratal torgfört den ena lögnen efter den andra om vem som sköt ner Malaysian Air-planet över Ukraina. RT, som sänder på engelska, är ett centralt instrument i de ryska försöken att så tvivel om ett händelseförlopp som redan är bevisat: att en rysk luftvärnsrobot av märket BUK sköt ner passagerarplanet.

Men när Iran erkänner sin skuld säger Simonjan att det är rakryggat.

Simonjan vet att många genomskådar henne. Men det spelar ingen roll. För den som jobbar för Kremls propagandamaskineri är arbetet en show. Det handlar inte om att alla ska tro på vad man säger. Det handlar om att behärska den roll man tilldelats.

Några år efter de gigantiska framgångarna i Sotji-OS 2014 avslöjas omfattande dopning inom ryska landslaget. Ryssland förlorar slutligen fyra av sina medaljer och ett stort antal idrottare blir avstängda. Övriga tvingas tävla under neutral flagga. När man efter flera år av straffåtgärder får chansen att ställa allt tillrätta lämnar man in manipulerade uppgifter. Man gör med andra ord allting ännu värre för sig själv.

Den gemensamma faktorn för detta agerande är att man fullkomligt struntar i hur det ser ut. Man agerar med bjärt inkonsekvens och hoppas att det ändå ska gå vägen. Det viktiga är inte att vara trovärdig. Det viktiga är att a) blanda bort korten och b) till varje pris vidhålla sin oskuld, ända tills hela historien förhoppningsvis faller i glömska och man aldrig behöver erkänna något.

Kreml räknar systematiskt med att deras övergrepp ska falla i glömska. Annekteringen av Krim är ett sådant exempel. Putin var definitivt beredd att betala ett pris, men han hade inte räknat med att sanktionerna skulle bli så envisa och Ryssland så politiskt isolerat.

För att blanda bort korten angående det nedskjutna planet i Ukraina lanserar Kreml i rask följd den ena teorin efter den andra. Varje ny teori utesluter den föregående. Först påstår den Kremlkontrollerade pressen att ett ukrainskt jaktplan hade skjutit ned planet, sedan att det har skjutits ned av en missil. Därefter att planet har varit fullt av lik och hade störtats med avsikt. Till sist att en BUK har skjutit ned planet, men en BUK som tillhörde Ukraina och inte Ryssland.

Att planet sköts ned med en rysk BUK, som hade transporterats in i Ukraina från Ryssland, har bevisats bortom allt tvivel. Detta bekräftas år 2018 av den internationella utredningskommissionen JIT.

Australien och Nederländerna utpekar Ryssland som skyldig till dådet. Ryssland fortsätter att blåneka. Under tiden rusar propagandamaskineriet vidare som ett frustande ånglok.

I Kreml anser man att man agerar precis som alla andra. Man är övertygad om att alla statsledningar ljuger. Helt fel har man visserligen inte – det finns många exempel på hur demokratier far fram med osanningar. Ett uppenbart exempel är USA:s påstående att Irak hade massförstörelsevapen och därför måste invaderas år 2003.

Det som förvånar med Kremls ljugande är dels att det är så systematiskt och grovt, dels att det inte alls stärker Rysslands position utan tvärtom undergräver den. Att ständigt åka fast med fingrarna i syltburken och varje gång in absurdum förneka sin egen skuld framstår i förlängningen som ren idioti.

Kreml byter istället ständigt fot. Man säger först en sak, sedan en annan. Man ändrar smidigt storyn i takt med att nya bevis framkommer. Man visar aldrig ånger eller kompromissvilja, bara aggressivitet och indignation.

Samtidigt kan man inte låta bli att då och då bekräfta misstankarna. När Ryssland anklagas för inblandning i amerikanska presidentvalet 2016 förnekar Putin kategoriskt allt. I andra sammanhang säger han med ett infernaliskt leende att Ryssland hela tiden vetat att Trump kommer att segra.

Signalen är subtil: Vi erkänner inget, men det var vi såklart. Det lönar sig att respektera oss.

Man tvekar heller inte att spela upp charader. När ryska agenter år 2018 förgiftade avhopparen Sergej Skripal och hans dotter Julia i Storbritannien försökte Kreml bevisa sin oskuld genom att låta agenterna intervjuas av Margarita Simonjan på RT. De båda männen skulle framstå som handelsresande i kosttillskottbranschen. Försöket föll platt till marken och blev utskrattat i den internationella pressen.

Som journalist har man svårt att förstå syftet med att lägga ut en intervju där dessa »affärsmän« rabblar upp Wikipedia-kunskaper om kyrktornet i Salisbury. Det är så uppenbart att det är arrangerat. Hur kan de tro att vi ska gå på det? Det kan väl ändå inte vara möjligt att de håller oss för kompletta idioter?

Kanske är det bara Kremls sätt att räcka lång näsa åt väst? En fräckhet som gränsar till obscenitet? Ett nytt sätt att trolla?

Jag tror inte det. Jag tror att det handlar om en enkel strategi, som man håller fast vid i alla lägen och oavsett omständigheter. Det spelar ingen roll hur det ser ut.

Showen måste gå vidare.

4. DRÖMMEN OM EFFEKTIVA MANAGERS

MIN KOMPIS ILJA i Sankt Petersburg har många idéer om vad Ryssland behöver. En är kompetenta tjänstemän. Fast tjänstemän är inte ett ord han använder.

– ANJA! Ni har världens bästa managers i Finland! Kan ni inte skicka hit dem och låta dem styra Ryssland?

I Ryssland har man egna tolkningar av många internationella ord. Manager – på ryska *menedzjer* – är mycket populärt, och kan betyda nästan vad som helst. Oftast betyder det en person som vet hur man ska styra byråkratiska processer och inte minst människor för att komma till önskat resultat. Härav den i Ryssland vanliga slutsatsen att den blodtörstiga diktatorn Stalin var en god manager. Han lyckades effektivt driva igenom sina beslut, visserligen genom att mörda flera miljoner människor. Men i alla fall.

Uppfattningen att det går att förändra samhällen genom att ta in professionella managers är vanlig i postsovjetiska länder. Efter Majdan-revolutionen i Ukraina anställdes en mängd georgiska och amerikanska medborgare på ukrainska ministerier, med uppdraget att städa upp i det korrupta systemet. Som utomstående hade de själva inga intressen att skydda, tänkte man, och hoppades därför att de skulle kunna genomdriva reformerna, som alla dittills misslyckats med.

Projektet gick omgående på grund. Korrupta samhällen bygger på att alla, från toppen till botten, är delaktiga. Korruptionen är en väv som håller ihop samhället. Att bara byta ut chefer löser därför inte problemet.

Demokratier bygger på att tjänstemännens lojalitet ligger hos institutionerna. I västliga demokratier utför de sina uppgifter inte bara enligt lag och rätt, utan också med en yrkeskunskap som har ackumulerats under flera sekel. De har en stark yrkesidentitet som inte går att importera. Den kan bara byggas upp med tid.

I korrupta samhällen kan det aldrig uppstå någon oberoende tjänstemannaklass. De offentligt anställdas lojaliteter ligger hos sittande president eller premiärminister, inte hos institutionerna. Ofta försöker man lösa problemet genom att placera ett tunt lager västutbildade personer på de ledande posterna. De omvandlas snabbt till en del av systemet.

I dagens Ryssland finns det ingen självständig, professionell tjänstemannaklass. Det finns däremot *menedzjers* – högutbildade, ofta unga personer som inte sällan har studerat utomlands, talar engelska och är en del av den globaliserade världen. Deras kompetens märker man av i till exempel miljonstaden Moskva. Där har tjänstemännen klarat av att digitalisera hela statsförvaltningen, införa praktiska appar för kollektivtrafiken, renovera parker, bygga cykelvägar och framgångsrikt utvidga metron.

Något så grundläggande som sopsortering klarar man däremot inte av att införa. Det beror dels på att starka, korrupta intressen motarbetar det – det är fortfarande för lönsamt att dumpa soporna i en grop. (Nu byggs visserligen en ring med brännverk för avfall kring Moskva, men logiken förblir densamma – avfallet ska brännas upp i stort sett osorterat och i så stora kvantiteter som möjligt för att öka vinsten. Någon värmeenergi tar man inte vara på.) Dels på att det förutsätter att så mycket annat måste fungera. För att man ska få till stånd fungerande sopsortering och pantsystem måste man stifta en mängd nya lagar, producenterna måste åläggas ansvaret för att förpackningarna ska kunna återanvändas, man måste få en ekonomi kring återanvändandet på samma sätt som i väst. Det är ett långsiktigt projekt där det inte går att göra några snabba cash.

Därför vill ryska beslutsfattare inte lösa avfallsproblemet. Det är helt enkelt ointressant för dem.

Putin tycker om *menedzjers*. Föga överraskande är den ryska eliten full av dem. De sitter i regeringen, på ministerierna och i ledningen för alla de stora statliga företagen. När Putin utser nya premiärministrar och stabschefer prioriterar han personer som saknar egna åsikter och inte tar några egna initiativ, som gör exakt det de ska och aldrig ställer några frågor. Det betyder inte att de är inkompetenta eller obegåvade. De kan styra och leda, men de gör allt på order uppifrån.

När Putin införde förändringar i den ryska konstitutionen i januari 2020 och samtidigt bytte ut regeringen var medierna fulla av spekulationer kring den nya premiärministern. Ingen hade någonsin hört talas om Michail Misjustin. Vem var han? Varför valdes han? Många västliga Rysslandsexperter var tagna på sängen.

Men det fanns i själva verket inget att förvåna sig över.

Hela poängen med Putins utnämningar är att det inte ska gå att dra några slutsatser kring dem. Han utser aldrig någon för att pröva denne som sin eventuella efterträdare, han vill ha personer som går att kontrollera och som inte skapar några problem.

Att välja en okänd skatteexpert som ny premiärminister är bara följdriktigt. De tidigare premiärministrarna, som Viktor Zubkov och Michail Fradkov, var likadana ansiktslösa byråkrater. Ingen hade hört talas om dem när de blev utnämnda. Ingen minns dem efter att de fick gå vidare till nya poster.

Jag får ofta frågor om vem som eventuellt kan vara Putins efterträdare. Många lever i uppfattningen att Putin håller på och övar upp någon eller några personer för uppdraget. Man försöker hålla koll på vilka ministrar som är mest långlivade, med vem Putin umgås på fritiden. Den sortens kremlologi för oss helt fel, vilket blev uppenbart när Putin presenterade den nya grundlagen som innebär att statsrådet får en starkare roll och parlamentet blir något starkare. Han delar upp makten för att den ska bli oklar och för att han själv ska kunna förbli en grå eminens, när han väl dragit sig tillbaka.

Ingen vet vem hans efterträdare är. Allt tyder dock på att det blir en bra *menedzjer.*

5. MAN VILL BLI ÄLSKAD

EN DAG SKRIVER jag en tweet om att ryssar gillar att vädra. En putslustig liten text om att mina kolleger i Moskva ständigt slår upp fönstren på vid gavel, oavsett temperaturen utomhus.

Tweeten har ingenting att göra med ämnen som brukar väcka känslor i Ryssland, som till exempel sexuella minoriteter, feminism eller Ukraina. Ändå dränks jag plötsligt i rasande reaktioner. Folk uppmanar mig att åka hem. De frågar om jag lider av anemi.

Jag förstår ingenting. Hur kan de bli så arga? Ämnet är det banalast tänkbara: Vädring.

Det visar sig att den statliga nyhetsbyrån RIA Novosti har gjort en nyhet på min tweet. »Dagens Nyheter och Hufvudstadsbladets korrespondent irriterar sig på ryssars besatthet av att vädra och förebrår ryssar för att slösa med energi«, skriver RIA. Trots att jag inte har irriterat mig särskilt mycket. Jag har bara konstaterat att det vädras väldigt mycket i Ryssland, och att det leder till energispill, eftersom de flesta hus har centralvärme som inte går att reglera.

När jag skriver positiva texter om Ryssland – till exempel att tågen alltid är i tid – göra RIA nyheter på det också. Trots att det handlar om en uttryckligen positiv text vinklar de på exakt samma sätt: Utlänningen gör sig lustig över oss.

»Svensk/finländsk journalist förundrar sig över att kollektivtrafiken i Ryssland fungerar.«

Det är med andra ord helt väntat att då jag flyttat till Sankt Petersburg och skrivit en kolumn om myggproblemet (det finns mycket myggor i staden) så gör RIA Novosti en nyhet på det också. »Utländsk journalist klagar på myggorna i Ryssland«. I Ryssland, märk väl – inte i Sankt Petersburg, trots att hela texten beskriver fenomenet som speciellt för Petersburg, som ligger i ett floddelta.

När jag beskriver ett fenomen återges det som att jag »klagar« eller »förundras«. Det handlar alltid om att få mig och min bevakning att framstå som antirysk. Inte kritisk mot Putin eller regimen. Utan mot landet och ryssarna som folk.

Så fort de statliga nyheterna har lyft upp en sådan text galopperar en trollarmé in på Twitter. De bombarderar mig med invektiv och gör sitt yttersta för att förlöjliga mig. Många av dessa konton är anonyma och har bara några enstaka följare. Det är med andra ord uppenbart att det handlar om botar eller troll.

Allt detta är förstås en del av hybridkriget, den icke-traditionella krigföringen som går ut på att så tvivel och sprida aggressioner och missförstånd. I krig är alla medel tillåtna. Det spelar ingen roll att resultatet ibland blir tämligen överdimensionerat. Men i grund och botten är de här reaktionerna också ett tecken på något annat: Ett vacklande självförtroende.

Det finns en märklig paradox i den ryska självuppfattningen – speciellt hos makthavare. Å ena sidan övertygelsen om att Ryssland är *sui generis*, enastående i sitt slag. Ryssland är andligt överlägsen det övriga Europa, en politisk och militär stormakt som förtjänar respekt. Ryssland har frälst det övriga Europa från fascismen under andra världskriget. Ryssland är sig själv nog. Ryssland har ingenting att lära och ingenting att be om ursäkt för.

Å andra sidan ett oförklarligt skört självförtroende. Varje gång omvärlden ifrågasätter till exempel Sovjetunionens agerande under andra världskriget är reaktionerna närmast hysteriska. När Estland år 2007 flyttar en staty i Tallinn från sovjettiden – flyttar, inte förstör den – kräver ryska duman att Moskva ska bryta relationerna med Tallinn. År 2014 skriver Putin under en lag som förbjuder att man »sprider lögner« om Sovjetunionens agerande under andra världskriget. Fem år senare blir det förbjudet att »förolämpa« den ryska staten och dess symboler.

Lagarna gäller naturligtvis bara Ryssland, duman kan inte diktera vad andra länder gör. Den logiska slutsatsen är med andra ord att ryska statsledningen inte vågar lita på sina egna medborgare och forskare.

Hösten 2019 börjar Putin en ny kampanj för att försvara Molotov–Ribbentrop-pakten. Avtalet, som slöts 1939, var en icke-aggressionspakt mellan Sovjetunionen och Tyskland. I all korthet gick den ut på att Hitler och Stalin delade upp Europa i intressesfärer, som man sedan invaderade och annekterade. Nu hävdar Putin att Moskva »tvingades« skriva på avtalet, eftersom det övriga Europa gjorde allt för att rikta den tyska expansionspolitiken mot Sovjetunionen.

Det var med andra ord egentligen Storbritanniens och Frankrikes fel att Polen, de baltiska länderna och Finland blev invaderade. Logiken är alltid densamma: Ryssland »tvingades« till aggressiv expansionspolitik.

Samtidigt betraktar sig Ryssland som en stormakt. Putin påpekar ofta att Ryssland har kärnvapen, att omvärlden gör bäst i att ta Ryssland på allvar.

Självbilden är schizofren: Man är samtidigt både militär stormakt och hjälplöst objekt för andras intriger. Man är både frälsare och offer. Man är ett rytande lejon och ett gråtande barn. Kreml växlar ständigt mellan dessa båda positioner.

I längden framstår det hela som mycket inkonsekvent.

Ju längre Putins tid som president fortgår, desto oftare tar Kreml till maktspråk som är grovt i överkant. I Ryssland sägs det ofta att Kreml har många torn. Det betyder att olika falanger konkurrerar om vilken politik som ska föras. Trots att Putin själv står den så kallade *siloviki*-gruppen (hökarna) närmast har han alltid omgivit sig även med ett mindre antal liberaler. Med tiden förlorar de mark, samtidigt som Putins förtrogna Dmitrij Medvedev, som avlöser honom på presidentposten 2008–2012, försvinner ut i kulisserna.

Den liberala handelsministern German Gref lämnar regeringen redan 2007. Aleksej Kudrin, Putins gamla vän och internationellt ryktbara finansminister, avgår 2011 i vredesmod över meningsskiljaktigheter om budgeten med dåvarande president Medvedev. Arkadij Dvorkovitj, som tillhör samma västvänliga gruppering, lämnar posten som vice premiärminister 2018.

Putin börjar placera outbildade men garanterat lojala personer på nyckelposter. Att till exempel Viktor Zolotov utnämns till chef för det mäktiga ryska Nationalgardet, som bildas 2016 då man slår ihop alla de väpnade inrikestrupperna, väcker viss förvåning. Hans enda merit är att han är Putins före detta livvakt.

År 2018 avslöjar oppositionsledaren Aleksej Navalnyj att Nationalgardet köper in billiga livsmedel för uppblåsta priser till sina soldater. I praktiken betyder det att det högsta ledarskapet stoppar mellanskillnaden i egen ficka.

Zolotov bemöter inte avslöjandet med någon förklaring. Istället spelar han in en video där han lovar ge Navalnyj ett kok stryk.

Zolotov agerar på det enda sätt han kan. Han är van vid att vifta med knytnävarna. Den här sortens beteende väcker ruelse och skam hos den bildade klassen.

– Tidigare hade vi åtminstone smarta personer i ledningen. Man kan tycka vad man vill om Vladislav Surkov, men han är i varje fall en intellektuell. Zolotov är en gorilla. Det enda han kan är att hota. Nu ser man bara den sortens personer kring Putin, säger Sasja, en gammal vän till mig, när vi sitter och dricker vin hemma hos mig en kväll i Sankt Petersburg.

(Vladislav Surkov var Putins rådgivare mellan 2013 och 2020. Han är känd som en smart spinndoktor, den strategiska hjärnan bakom Putins auktoritära system och ansvarig för hybridkriget i östra Ukraina. På fritiden skriver han noveller och lyssnar på Tupac Shakur. Han fick sparken av Putin år 2020.)

Själv beter sig Putin alltmera öppet som en buffel även på den internationella arenan. År 2020 ljuger han Frankrikes president Emmanuel Macron rakt upp i ansiktet. När Macron i ett privat telefonsamtal vill diskutera varför oppositionsledaren Aleksej Navalnyj förgiftades på en resa i sibiriska Tomsk svarar Putin att det är mycket möjligt att han själv tog giftet.

Putin hade kunnat säga något allmänt om att Ryssland gör allt för att reda ut vad som hänt. Istället drar han till med en fräck lögn.

Det gör Macron så rasande att han läcker samtalet till fransk press. Att Putin ljuger för sin hemmapublik är en sak. Men att han har mage att hålla Frankrikes president för en idiot i ett privat samtal blir för mycket för Macron. Den franska presidenten har dessförinnan verkligen ansträngt sig för att bygga relationer till Putin. Nu är den här relationen förstörd.

Det är som om ingenting längre spelar någon roll för Kreml. Varje gång man blir ifrågasatt svarar man med att höja tonläget eller ljuga grovt, utan att bry sig om följderna. Agerandet liknar på pricken Donald Trumps. Trump och Putin förstärker varandra.

Att de skulle ha någon egen, intim relation finns däremot inga bevis på. Den behövs heller inte. De stöder varandra genom sitt sätt att agera, genom att visa att man kan bete sig just så här och komma undan med det.

Efter att jag har flyttat till Sankt Petersburg för att vara tjänstledig och skriva den här boken bjuder en gammal vän mig på lunch. Vi äter risotto och dricker Alsacevin. Plötsligt tar han upp en, i hans tycke, oerhörd skandal: att det finländska varuhuset Stockmann har gjort en enligt honom olaglig tillbyggnad i sitt hus längs stadens huvudgata Nevskij prospekt.

– Och så kommer ni hit och ska undervisa oss i demokrati, säger han triumferande.

Jag vet inte riktigt vad jag ska svara. Att han är upprörd över att staden enligt hans uppfattning förfulas kan jag förstå. Petersburgare är med rätta stolta över sin stad och uttalat konservativa när det gäller nybyggen.

Det jag inte kan förstå är vad ett fult tillbygge av Stockmann har med västvärldens kritik mot Ryssland att göra. Men min vän är övertygad om att Stockmann har brutit mot lagen och att det bevisar att västvärlden på alla andra plan är lika goda kålsupare.

Det finns ett starkt behov i Ryssland av att ständigt leta fram bevis på att västländerna inte är bättre. Motsvarande behov existerar inte i väst. För europeiska länder är det inte viktigt att bevisa att de inte är sämre än Ryssland. Det är en icke-fråga.

Här kommer vi till kärnan i Rysslands problem: Hur mycket man än vill bevisa att man klarar sig utan väst är det hela tiden väst man förhåller sig till, det är av västvärlden man vill bli godkänd, det är väst man jämför sig med.

Samtidigt håller Kreml fast vid att Ryssland inte behöver väst. Att man inte vill bli som väst, man tror inte på dess förljugna ideal. Man har inget att lära av väst.

Ekvationen går inte ihop.

I maj 2018 intervjuar jag ryska utrikesministeriets taleskvinna, Maria Zacharova. Hon är ett fullblodsproffs inom sitt yrke – en person vars uppgift det är att försvara Rysslands intressen. Zacharovas roll inte är enbart tjänstemannens. Hon är en fotsoldat i informationskriget, ständigt i fält. Karismatisk, vältalig och fylld av ett slags hårdkokt patos håller hon presskonferenser, deltar i talkshower, dansar den ryska folkdansen Kalinka för journalisterna. På briefingar är hon känd för att ibland slå ned på enskilda journalister, som enligt henne ställer fel frågor eller har skrivit osanningar om Ryssland. Hon är stenhård och samtidigt påfallande emotionell. Det är ibland svårt att veta om hennes utbrott är uppriktiga eller taktiska.

Men när det gäller Rysslands förhållande till väst känner man tydligt att det inte handlar om taktik. Hon är uppriktigt sårad.

– Allt vi vill är att samarbeta med Europa. Vi vill kunna resa fritt till varandras länder, vi vill bli av med visumtvånget. Men vi blir hela tiden avvisade! säger hon och klär den ryska känslan av obesvarad kärlek i ord:

– Vi öppnade oss för väst och ni omgärdade oss med taggtråd!

Just visumreglerna är en källa till ökande irritation. Den ryska medelklassen älskar att resa, för att inte tala om tjänstemännen i Kreml. De är sårade över att fortfarande vara kvar i visumbyråkratin, medan till exempel ukrainare och georgier i dag fritt kan resa till EU. Varför vill EU samarbeta med de här obetydliga små länderna, men inte med oss? Vi som är så mycket större och viktigare. Just det – de straffar oss för att de inte kan dominera oss!

Efter att Ryssland annekterade Krim är visumfriheten i praktiken inte längre aktuell. Den är avförd från dagordningen på obestämd tid. Men Kreml glömmer att Ukraina och Georgien inte fick visumfrihet över en natt. EU:s beslut föregicks av att dessa länder själva ensidigt avskaffade visumtvång för EU-medborgare. För Ryssland är en sådan åtgärd otänkbar. Ryssland är en stormakt som inte gör saker gratis. Ska EU få visumfrihet bör det gälla båda vägarna.

Resonemanget låter logiskt. Problemet är att antalet EU-medborgare som är intresserade av att besöka Ryssland – för att inte tala om att flytta dit – är obetydligt i jämförelse med antalet ryssar som vill besöka eller flytta till EU. Moskva skulle inte förlora någon trumf i framtida förhandlingar på att avskaffa visumtvånget för EU-medborgare, eftersom det ändå inte existerar något större tryck från EU-medborgarnas sida att lättare kunna resa till eller bo i Ryssland. Däremot skulle man genom en sådan gest vinna goodwill.

Det här insåg Georgien och Ukraina mycket snabbt. De avskaffade ensidigt visumtvånget för EU-medborgarna, och i det långa loppet vann de på affären.

I dessa banor är dock beslutsfattarna i Kreml oförmögna att tänka, eftersom den här sortens åtgärder inte existerar i Kremls verktygslåda. Allt handlar om *quid pro quo*. Om man ska ge något måste man också få något.

Jag har ofta funderat på varför Ryssland inte bara kan säga rent ut: Vi är en stormakt och vi gör ibland saker som ni inte gillar, därför att det passar oss. Det får ni leva med. Det skulle vara mer konsekvent än att ständigt skylla alla sina invasioner på omvärlden.

Men förklaringen till Kremls agerande ligger snarare hos Hjalmar Söderberg:

Man vill bli älskad, i brist därpå beundrad, i brist därpå fruktad, i brist därpå avskydd och föraktad.

6. POPULISMENS LOCKELSE

MÅNGA AV MINA ryska vänner gillar Donald Trump. Det beror inte främst på att han är så följsam gentemot Putin. De gillar honom som person. Hans överdrifter, hans svartvithet och inte minst hans skamlösa egenkärlek väcker sympatier. Jag har en känsla av att ryssarna gillar Trump av samma orsak som de älskar Karlsson på taket – det är något i gränslösheten som tilltalar.

Gemensamt för både Trump och Karlsson på taket är inte bara att de struntar i regler. De struntar också i moral. De gör som de vill, något som väcker jubel hos ryssarna. Eventuellt för att man på grund av all förljugenhet under sovjettiden förväxlar moral med moralisering.

I Ryssland blir folk inte upprörda över att Trump ljuger, på samma sätt som man blir det i väst. Deras utgångspunkt är att alla politiker ljuger. Alla makthavare är skitstövlar, och då är den som öppet vågar vara en skitstövel att föredra.

Ryssland älskar även sina egna populister. Vladimir Zjirinovskij blir invald i duman varje val med hundra procents säkerhet, trots att Kreml för säkerhets skull plockar av honom en viss andel röster för att hans position inte ska bli för stark. Men i Ryssland kan populister aldrig vinna val. Valen kontrolleras av Kreml och makthavarnas agenda går ofta emot den populistiska, även om de utåt sett stryker den medhårs. Den ryska ekonomin skulle till exempel aldrig klara sig utan gästarbetaren, som enligt populisterna borde drivas ur landet.

Att högerpopulister däremot kan vinna val i västliga demokratier är ur Kremls synvinkel utmärkt. Populisterna blottar sprickorna i fasaden – de avslöjar att de västliga demokratierna har problem. För Kreml är det viktigt att med jämna mellanrum kunna säga till sin befolkning: Ni tror att de har det så bra i väst? Titta på invandringen! Muslimerna! Bögarna! I Ryssland har vi dem under kontroll.

Vågen av högerpopulism i Europa och USA har kort sagt fallit som en mogen frukt i Kremls famn.

I och med populismens inmarsch i Europa har de facto ett närmande skett mellan Ryssland och väst. Det var precis vad man trodde och hoppades på under 1990-talet. Utgångspunkten var självklart att det var Ryssland som skulle närma sig väst.

Det blev tvärtom. I dag är det väst som närmar sig Ryssland. Det politiska klimatet i till exempel de nordiska samhällena, som historiskt har byggt på förtroende, har blivit alltmer svartvitt och intolerant. Motståndaren är inte längre en person man respekterar och tävlar mot i ärlig kamp. Det är någon man förolämpar och krossar, exakt på samma sätt som politiker gör i före detta kommunistländer.

Högerpopulismens svartvita världsbild har i själva verket mycket gemensamt med den kommunistiska. Världen är indelad i vänner och fiender. Det finns inga oberoende institutioner. Personkulten är legio. Världsbilden starkt dogmatisk. Propagandan – inte samtalet – är ett av de viktigaste politiska verktygen.

Att detta svartvita politiska klimat växte fram i gamla socialistländer var inte överraskande. Men man räknade med att det var barnsjukdomar som skulle försvinna. I och med att de central- och östeuropeiska demokratierna kom under EU:s inflytande skulle fenomenet växa bort.

Det gick tvärtom. Populismen växte och spred sig.

Kremls insatser när det gäller att stöda europeiska populistpartier är väl dokumenterade. Man har lånat ut pengar till franska Front National, man bjuder in populistpartiernas parlamentariker som »valobservatörer« till den annekterade Krimhalvön. Propagandakanalen RT intervjuar regelbundet europeiska högerpopulister i egenskap av experter på invandrarpolitik. Ryssland ger populisterna pengar, utrymme och uppmuntran.

Men Ryssland har inte åstadkommit högerpopulismen i Europa. Den har uppstått av andra skäl. Att skylla högerpopulismen på Putins dåliga inflytande – som många gör i väst – är meningslöst. I själva verket gör man Putin en tjänst. För honom är det enbart en fördel då hans roll blåses upp och överdrivs.

Kreml gör däremot allt för att utnyttja den populistiska flodvågen, framför allt som ett sätt att legitimera sig själv. Det går inte att ta miste på Putins belåtenhet när han i en intervju med Financial Times 2019 säger att liberalismen som ideologi har överlevt sig själv.

Paradoxalt nog är det samtidigt till det liberala väst som den ryska flyttvågen går. Inte till Polen eller Ungern, vars ledare tillhör samma ideologiska fåra som Putin, utan till Tyskland, Storbritannien och övriga västeuropeiska länder.

I Ryssland älskar man bilden av EU som ett näste för gayaktivister, politisk korrekthet och George Soros. Ändå är det just EU man vill flytta till – inte till de östeuropeiska länderna med populiststyren. Det är det gamla Europa man vill bo i.

Varför håller man då kvar sin positiva bild av populisterna?

– Illusionen är det mest hållbara materialet av alla. Den behöver ingen bekräftelse. Folk tror för att de vill tro, säger den ryska sociologen Lev Gudkov när jag intervjuar honom på Levadas kontor i Moskva 2019. Levada är Rysslands enda kvarvarande oberoende opinionsinstitut.

Gudkov talar i det här fallet om varför stödet till Putin fortfarande är så högt i Ryssland. Enligt honom handlar det om två nyckelord: illusion och tröghet.

Illusionen handlar om att man väljer att tro på Putin, oavsett hur verkligheten ser ut. På samma sätt som stödet för Trump verkar överleva vilka skandaler som helst.

Trögheten är enligt Gudkov ett specifikt postsovjetiskt fenomen – att man föredrar att vara passiv. Man tror visserligen inte på den statliga propagandan, men man ifrågasätter den inte heller. Och någonstans har man en vag känsla av att det ändå ligger något i den.

Det är samma känsla som ofta ligger till grund för stödet för populisterna i väst. Man röstar på populisterna inte för att man tror på dem blint, utan för att de symboliserar en känsla, de förkroppsligar något, man kan därför ha överseende med att de ljuger. Och precis som Kreml är de oerhört skickliga på att använda sociala medier och utnyttja dess dynamik.

USA och Ryssland är naturligtvis vanskliga att jämföra. USA har fria och rättvisa val, något som Ryssland saknar. USA har också ett stort antal oberoende medier, medan det fria ordet är kringskuret i Ryssland.

Eftersom Ryssland inte är en riktig diktatur finns dock ett stort antal oberoende medier, som har gjort mängder av avslöjanden om hur korrupt Putinregimen är. Skillnaden är att de inte tillhör den etablerade mittfåran. Någon sådan existerar heller inte i Ryssland. Det ryska medielandskapet består av gigantiska, statsägda propagandamaskinerier som producerar bröd och skådespel åt folket, mindre oberoende medier som följs av en liberal klick, samt ett virrvarr av ofta mycket populistiska nyhetssajter som inte sällan har en tydlig Kremlagenda. Putinregimen är skicklig på att röra till medielandskapet genom alla sina så kallade medieprojekt, för att inte tala om botar och robotar.

Faktum kvarstår: I tjugo år har jag bråkat med mina ryska vänner om hur ett bra samhälle är uppbyggt. Jag har pekat på hur till exempel våra nordiska välfärdssamhällen, som ryssarna beundrar så mycket, bygger på två saker som de inte tror på: förtroende och solidaritet. Förtroende för myndigheter, solidaritet med övriga medborgare.

Nu börjar både förtroendet och solidariteten urholkas. Mycket av det som kommer istället är sådant som har präglat det ryska samhället i decennier: propaganda, svartvithet, cynism.

I Ryssland är samhället atomiserat. Man lever i och för sin atom, som består av ens egen familje- och vänkrets. Någon gemensam identitet eller solidaritet existerar inte. För sin familj och sina vänner är man redo att göra allt, resten av samhället struntar man i. Den klassiska ryska trappuppgången är det bästa exemplet. Urinstinkande och skräpig kan den verka avskräckande på vem som helst, men bakom varje, med flera olika lås utrustade, dörr gömmer sig ett väl barrikaderat, ombonat hem.

I Ryssland tror folk inte på institutioner. Det beror på att de ryska institutionerna är korrupta och dysfunktionella. All form av skatteindrivning betraktas som stöld av privat egendom. Det är delvis begripligt, eftersom man sällan ser några resultat av de skattepengar man betalat in.

Det märkliga är att samma tankegångar i dag väcker så stor genklang i väst, trots att våra samhällen inte alls liknar det ryska. Västliga populistpartier sprider ofta uppfattningen att våra institutioner är korrupta, trots att nivån av korruption i nordiska länder är en av de lägsta i världen. De delar in världen i vänner och fiender, exakt som kommunisterna gjorde på sin tid. De skildrar en värld av vinnare och förlorare, av eliten och massan.

Tanken är lockande, enkel, begriplig.

Det vore nyttigt för alla som gillar populisternas budskap att leva några år i ett land som har utsatts för den här sortens enkla, begripliga, totalitära regimer.

SPRÅKETS MAKT

7. BARA ETT TEKNISKT FEL

EN ONSDAG I april åker jag trådbuss hem till vår bostad i Moskva. Jag sitter och läser en artikel i min telefon. Djupt försjunken i texten har jag inte koll på var vi är. Jag hör ju ändå rösten i högtalaren, som ropar ut alla hållplatser några hundra meter i förväg.

Plötsligt ropar rösten:

– Ulitsa Marii Uljanovoj!

Det är min hållplats. Jag stiger upp och inser att vi i själva verket har åkt förbi den. Vi är redan på väg till nästa.

Irriterad går jag fram till chauffören och säger:

– Igen har ni installerat högtalarrösten fel. Vi har ju redan passerat Maria Uljanova!

Chauffören rycker på axlarna.

– Bara ett tekniskt fel. Vad tycker ni att jag ska göra?

Jag hoppar av vid nästa hållplats och medan jag går hem tänker jag oupphörligen på chaufförens ord.

Bara ett tekniskt fel.

Den 25 mars 2018 brann 41 barn inne i köpcentret »Vinterkörsbäret« i den sibiriska staden Kemerovo. När brandlarmet började tjuta stängdes det ner av en vakt.

Vakten var, precis som busschauffören, övertygad om att

problemet handlade om något »tekniskt fel«. Han betraktade brandlarmet som rekvisita. Inget som egentligen behövdes.

Det finns många exempel i genren. Vissa är oskyldiga, som att kranarna för kall- och varmvatten i Ryssland ibland är installerade så att kranen med den blå pricken i själva verket innehåller varmvatten. Elektroniska lås på portar som lyser grönt när de är låsta och rött när de öppnas.

Andra är livsfarliga. Till den kategorin hör synen på brandlarm som rekvisita, något som har installerats för att man ska slippa böter av brandinspektionen. Inte för att rädda liv under brand.

På samma sätt som säkerhetsbälten fortfarande av många ryska taxichaufförer betraktas som rekvisita. (Förutom när det gäller barn. Dem spänner man fast eftersom polisen annars kan utfärda dryga böter.) Vissa chaufförer låter tillverka små plastbitar som de stoppar ner i bältets munstycke för att bilen inte ska pipa då man kör utan att ha bältet fastspänt. När boten för att inte använda säkerhetsbälte chockhöjdes på 2010-talet löste många chaufförer problemet med att dra bältet ned över bröstet – men inte låsa fast det i munstycket.

Gemensamt för dem som har installerat högtalarrösterna, låsen och kranarna felaktigt är deras syn på begriplighet.

Det är inte viktigt att folk fattar.

I grund och botten handlar det om transparens. Personer i den ryska servicebranschen prioriterar inte delaktighet. Utgångspunkten är inte: Nu installerar jag en kran så att alla vet varifrån kallt respektive varmt vatten kommer. Utgångspunkten är: Mitt jobb är att installera kranen. Med färgerna är det inte så noga, folk får väl testa varifrån det kommer kall- och varmvatten.

Detsamma gäller busschauffören, som inte tyckte den felaktiga högtalarrösten var ett problem. Alla vet väl ändå var de ska stiga av.

Alla vet väl ändå hur det är.

Det ryska samhället är präglat av det underförstådda. En stor del av kommunikationen går ut på signaler som aldrig sägs rent ut. Det är pinsamt att vara tvungen att fråga om saker, eftersom man då avslöjar sin egen okunnighet.

Som utlänning har jag aldrig haft lyxen att kunna dölja min okunnighet. Det spelar ingen roll hur länge jag har bott i Ryssland. Jag hamnar ändå ständigt i situationer där jag inte kan göra annat än att öppet demonstrera för alla det mest pinsamma som går att tänka sig i Ryssland: att jag inte vet.

En oktoberfredag åker min dotter och jag buss till en gård utanför Tver, där vi ska tillbringa veckoslutet. Bussen går från Moskva till Vologda och stannar på vägen i en mängd småstäder. Det är stickmörkt, man ser inte ett dugg och gps:en på min telefon fungerar med avsevärd fördröjning.

Chauffören ropar inte ut vilka städer vi stannar i. Han bara stannar bussen i beckmörkret. Folk vet ju var de ska stiga av, de är från trakten.

Men jag är inte härifrån, jag har inte en aning om var vi är, och på grund av det svaga mobilnätet har jag ingen hjälp av telefonen. Om jag inte nu går fram till chauffören och frågar när vi är i Olenino kommer vi att missa vår hållplats.

Jag banar mig fram i bussen, väl medveten om att denna fråga inte kommer att uppskattas av chauffören.

– Ursäkta, men ni stannar väl i Olenino?

– Hursa?

– Ni stannar väl i Olenino?

– Klart jag gör. Gå tillbaka och sätt er på er plats. Ni kan stiga av i Olenino.

– Meddelar ni när vi är där?

– Varför skulle jag behöva göra det?

– För att det är kolmörkt ute och jag åker den här rutten för första gången. Hur ska jag veta när vi är i Olenino?

Chauffören är tyst några sekunder.

– Jag ska meddela er.

– Tack.

Jag går tillbaka till min plats. En ritual jag varit med om många gånger i Ryssland. Först blir man inte informerad. Därför är man tvungen att ställa frågor. Reaktionen är alltid densamma: Frågan upplevs som opassande.

När jag har satt mig på min plats säger genast en tant bakom mig:

– Jag ska tala om för er när vi är framme i Olenino. Det är minst femtio kilometer kvar.

En rysk paradox: personal i serviceyrken har ofta som princip att hålla inne med information. Men när man en gång har ställt en fråga – man har alltså visat svaghet – då får man genast hjälp. Inte nödvändigtvis av den person som faktiskt borde hjälpa en i kraft av sin yrkesroll. Istället rycker vanliga människor in och ser till att man hamnar på rätt tåg, stiger av vid rätt hållplats eller går åt rätt håll. Det finns en mycket stor generositet och vilja att hjälpa.

Två strömmar löper således parallellt i det ryska samhället – yrkesmänniskor inom servicebranschen som inte vill informera, okända förbipasserande som fångar upp en. Bägge är resultatet av erfarenheten av att bo i ett samhälle där man aldrig har belönats för att dela med sig av information eller vara tydlig.

Och där man samtidigt upprätthåller en stark tradition av medlidande. Det hör till att hjälpa svagare.

En pensionerad finländsk Moskva-ambassadör beskrev en gång för mig hur det gick till när man behövde ett telefonnummer under sovjettiden. Det fanns små kiosker på stan där anställda bakom en lucka hade telefonkataloger. Om man behövde ett nummer letade man fram en sådan kiosk, böjde sig som ett kyrilliskt Г (G) framför luckan och frågade efter numret. Den anställda skrev då ner numret på en liten lapp som sköts ut genom luckan.

Det kom naturligtvis inte på fråga att man skulle få bläddra i telefonkatalogen.

Att man tvingas stå som ett kyrilliskt Г för att köpa en tågbiljett eller växla pengar har inte ändrats. Fortfarande är de flesta luckor i dessa sammanhang placerade på en nivå som gör att kunden måste knyckla ihop sig i obekvämast möjliga position. Den som har ett ärende att lösa eller en fråga att ställa ska veta sin plats från början.

Informationsflödet i sig är däremot inte längre begränsat. Det är en av de vanligaste fördomarna jag får höra i Sverige och mitt hemland Finland. Många är övertygade om att ryssarna tänker som de gör – de stöder till exempel Putin – därför att de inte vet bättre.

Men det gör de. Folk i Ryssland har tillgång till exakt samma information som i västvärlden. Då och då stänger myndigheterna visserligen ner någon sajt, men det har i sammanhanget mycket liten betydelse. Medieutbudet är gigantiskt, dels propaganda, men också oberoende journalistik. Som journalist skulle jag kunna sysselsätta mig själv från morgon till kväll med att rapportera om nyheter i oberoende medier som Dozjd, Meduza, Novaja Gazeta och RBK.

Moskva är också betydligt bättre än många västerländska städer på att utnyttja appar. Det finns appar som talar om när nästa buss anländer, appar för att parkera, appar för att använda hyrcykel, appar för att betala sin metrobiljett, taxiappar. Alla användarvänliga och smidiga.

Men så fort kommunikationen sker två människor emellan ändras allt. Då tvingas man som kund knyckla ihop sig till Г:et. Varje gång jag har att göra med en tjänsteman, en expedit eller någon annan person som jobbar med service i Ryssland måste jag själv se till att systematiskt dra ur vederbörande all information som jag möjligen kan tänkas behöva. Ingenting kommer gratis.

Det finns flera dimensioner av transparens och begriplighet. En är hur man uttrycker sig.

En eftermiddag sitter jag på en buss mellan småstaden Tjernogolovka och Moskva. Tillsammans med pressekreteraren för en välgörenhetsorganisation har jag intervjuat en mamma till ett kroniskt sjukt barn. Vi har gjort ett reportage om medicinbristen i Ryssland.

Det är 80 kilometer mellan Tjernogolovka och Moskva, så vi har gott om tid att tala. Vi kommer in på språk och språkkunskaper. Pressekreteraren läser svenska på fritiden och lär sig nya ord via en app.

Plötsligt säger han:

– Sovjetsystemet förstörde ryssars förmåga att uttrycka sig. Det förstörde vårt språk.

– Hurdå? undrar jag.

– Har du inte märkt att folk i Ryssland inte kan uttrycka sig tydligt? Att de inte kan säga vad de egentligen menar?

Jag är euforisk. Äntligen någon som sätter ord på detta fenomen!

Efter sammanlagt tio år i Ryssland är denna pressekreterare den första som erkänner att det ofta är svårt att förstå vad folk menar. Ryssar svarar till exempel nästan aldrig på den fråga man ställer. De svarar alltid på helt andra frågor.

– Vad jobbar ni med? kan jag fråga någon jag intervjuar.

– Jag är manager.

– Vad betyder det?

– Jag jobbar inom försäljning.

– Vad gör ni där?

– Jag är senior medarbetare.

En fråga som jag ställer enbart för att kunna presentera personen i artikeln kan ta tio minuter att reda ut, därför att inte ett enda svar jag får ger någon som helst information.

– Jag jobbar med IT, svarar en man.

– Vad gör ni då?

– Jag tjänar pengar på ny teknologi.

– Vilken då?

– Vetenskaplig forskning.

– Vad har ni för utbildning? kan jag då fråga.

Svaret kommer, utan undantag:

– Högre.

I mitt fall spelar mitt främlingskap naturligtvis en roll. Jag är utlänning och kommer aldrig att besitta samma sociala kunskap om det ryska samhället som den som är född här. Då avser jag alla historiska lager som påverkar kommunikationen i Ryssland, allt från vanan att använda olika förkortningar till den tysta kunskap som gör att människor ofta inte säger saker och ting rent ut. Man avslutar inte meningar, folk fattar ändå vad man vill säga. Mycket av det osagda undgår mig således.

Men med tiden har jag insett att fenomenet är mycket mer komplext än så. Det handlar inte bara om att jag är utlänning.

När jag gör intervjuer och intervjuobjektet inte avslutar meningar säger ofta mina ryska fotografer att de kan förklara för mig senare vad vederbörande ville säga, för att slippa plåga honom eller henne. Men det går jag inte längre med på. Jag framhärdar, trots att fotograferna tycker att jag är pinsam. Därför att det ofta visar sig att om man verkligen går till botten av saken kan det komma fram överraskningar, information som fotografen inte hade en aning om, och som inte gick att få fram på något annat sätt än att envist fråga: Vad menar ni?

Jag undrar ofta hur många missförstånd som uppstår inte bara mellan utlänningar och ryssar, utan också ryssar emellan, bara därför att ryssarna är så övertygade om att de förstår allt utan att behöva fråga.

Och jag undrar varifrån denna övertygelse kommer. Är den ett skydd? En historisk lärdom? Under sovjettiden lönade det sig ofta inte att ställa för många frågor, men dagens Ryssland är inget totalitärt samhälle. Det är inte längre farligt att ställa frågor. Ändå låter många bli att göra det. Det är ett tecken på svaghet, på att man inte har förstått.

Som journalist har jag ofta ett sjå med att på ett begripligt sätt översätta vad ryska beslutsfattare säger. Att politiker tycker om att svänga sig med skrytfenor är visserligen inget specifikt ryskt fenomen, men det kan gälla vilka intervjuobjekt som helst. Förmågan att uttrycka sig högtravande och pompöst betraktas som nödvändig om man vill framstå som en utbildad person.

Dessutom är det ett skydd. Genom att gömma sig bakom ett högtravande språk minimerar man risken att säga något man inte borde ha sagt.

Det leder till att ryskan, detta vackra, rika och mångfacetterade språk, instrumentet för några av världens största författare, som erbjuder oändliga möjligheter att uttrycka sig högt och lågt, humoristiskt och infernaliskt, direkt och indirekt och med ett aldrig sinande förråd av olika verbformer, sinnrika idiom och mångtydigheter, plötsligt förvandlas till en uppsättning klichéer, plattityder och byråkratiska klumpfötter. Denna fas inträder ofta så fort journalisten tar fram anteckningsblocket och sätter på bandspelaren.

En stor del av de intervjuer jag genomför på ryska går därför ut på att stånga sig igenom en snårskog av obegripligheter. Intervjuerna tar med andra ord ofta mycket lång tid att göra. Dessutom finns ytterligare en dimension att hantera: många ryssar anser, medvetet eller omedvetet, att utlänningar ändå inte förstår vad de talar om. De väljer därför att röra sig på ytan, inte gå på kärnan. Man får nöta och nöta, ställa samma fråga om och om igen, ända tills man lyckas tränga sig igenom detta pansar av oväsentligheter och komma till det som faktiskt intresserar en.

Mina många frågor får ofta intervjuobjektet att betrakta

mig som okunnig. Det är helt enkelt något man får leva med, eftersom det är enda sättet att få veta något. En stor del av mitt jobb i Ryssland går ut på att stå ut med rollen av att vara en dummerjöns som ställer korkade frågor, om och om igen.

Det finns undantag. Ett är oppositionspolitikern Grigorij Javlinskij, ett annat författaren och journalisten Michail Zygar. Bägge har en säker förmåga att uttrycka sig begripligt, kärnfullt och kristallklart. Föga överraskande säger just Zygar att ett stort problem när det gäller uppfattningen om historia och samhälle i Ryssland är att de redan tror sig veta allt.

Detta – att liksom luta sig tillbaka i övertygelsen att man har förstått hur något fungerar – tar sig ibland överraskande uttryck. Till exempel kan ryssar ibland behandla utlänningar på ett avvikande sätt i ett försök att vara artiga. De tror att de vet hur utlänningen vill ha det. Resultatet blir ofta tvärtom.

En gång på tåget mellan Helsingfors och Moskva blev jag duad av den ryska konduktören. Vi talade ryska och jag trodde först att jag hade hört fel. Två vuxna människor i Ryssland som inte känner varandra niar varandra undantagslöst. I ett ryskt sammanhang är det direkt oartigt, för att inte säga vulgärt, att dua en vuxen man inte känner.

Konduktören duade mig upprepade gånger. Till sist sade jag:

– Jag är inte du med er.

Konduktören hoppade nästan bakåt av förvåning.

– Förlåt?

– Jag är inte du med er.

Konduktören sade ingenting utan drog sig tillbaka. När han nästa gång knackade på min vagnsdörr ursäktade han sig.

– Ni finländare duar ju varandra.

– Visst, men nu är vi inte i Finland, svarade jag.

Konduktören hade inte gått in för att medvetet vara oartig. Han hade velat visa att han tillhörde de upplysta som vet att finländare duar varandra. Problemet var att han inte insåg hur det lät för någon som har bott länge i Ryssland, kan språket och är van vid att fungera i Ryssland på ryska villkor. Det blev total diskrepans.

Dessutom finns det något annat i denna scen, som jag inte uppfattade i början av min tid i Ryssland, men så småningom utvecklat känselspröt för: viljan att på ett subtilt sätt skapa en hierarkisk situation. Att sätta den andra på plats, att skapa sig ett övertag gentemot den andra. Som utländsk kvinna råkar jag ofta ut för det. Det handlar inte om uttalad kvinnofientlighet, det handlar om en vana. Den som man uppfattar som mindre vetande behandlar man också som mindre vetande – öppet eller indirekt. Ju längre jag bor i Ryssland desto snabbare uppfattar jag den sortens tendenser. Därför sätter jag ofta stopp för dem direkt, jag är hellre burdus och får situationen på rätt bog från början än låter saker passera, vilket kan leda till att en missuppfattning som i början framstår som oskyldig leder till fler missförstånd och nya problem. Och mycket av livet i Ryssland går ut på att undvika onödiga problem.

Ett annat problem när det gäller kommunikation i Ryssland är bruket av ord. Det var först när jag lärde mig ryska bättre som jag insåg att många etablerade begrepp har ändrat betydelse i ryska språket. Det gäller till exempel ord som »lojal«, »demokrati«, »privatisering«, »feminism«, »sanktioner« och »folkmord«.

Begreppet »folkmord« myntades först efter andra världskriget, efter nazisternas systematiska utrotning av judar. I Ryssland används det ofta, men inte bara när det gäller verkliga folkmord. Det har också blivit ett vedertaget sätt att uttrycka frustration över att bli illa behandlad av en kallsinnig statsapparat.

När pensionsåldern höjdes år 2018 kallade kritikerna på fullaste allvar denna reform för ett folkmord. Pensionsåldern, bland Europas lägsta, höjdes från 55 till 63 för kvinnor och från 60 till 65 för män. Reformen framstår i europeisk kontext som högst begriplig, men upprördheten är ändå förståelig. Medellivslängden i Ryssland är betydligt lägre än i väst. Till exempel lever inte 43 procent av ryska män till 65 år.

Trots detta kan en höjning av pensionsåldern svårligen likställas med ett folkmord. Det är i alla fall vad som ropas ut på alla demonstrationer mot pensionsreformen: *Eto genotsid nasjego naroda*, detta är ett folkmord!

Bakgrunden är att de ryska makthavarna ofta behandlar människor mycket orättvist och godtyckligt. Folk upplever det som att de hela tiden pinas och plågas av sina beslutsfattare, vilket är ett historiskt problem som har pågått i hundratals år. Ordet folkmord uppfattas som ett bra sätt att uttrycka sin frustration. Vad det egentligen betyder ägnas inte en tanke.

»Demokrati« är ett annat ord som har fått en helt egen betydelse i Ryssland. Ordet är som bekant en synonym till folkvälde. Men i Ryssland används det ofta för att beteckna social rättvisa. En affär med »demokratiska priser« är detsamma som en lågprisaffär.

»Demokratisk« används också ofta som en synonym för något allmänt gott. »Demokratiska« länder bör sakna problem.

Om till exempel franska myndigheter skickar in polisen när demonstranter går bärsärkagång i Paris är de skenheliga, det betyder ju polisvåld i en demokrati! Alltså är Frankrike inte alls en så fin demokrati som fransmännen påstår.

Många ryssar sätter även likhetstecken mellan demokrati och en generös välfärdsstat. Demokrati är helt enkelt ett samhälle där alla har rätt att få allt gratis. Att demokratin i själva verket är ett ganska jämngrått system som bygger på allmänna val och starka institutioner – inte på goda, generösa ledare – går ofta inte att förklara. Det är ingen överraskning att ryssar som emigrerar till väst ofta blir mycket besvikna på demokratin. De trodde sig komma till ett system som skulle ge just dem allt vad de önskade sig. Demokratiernas långsamma och ofta omständliga sätt att fungera – och deras tillkortakommanden, som är en del av systemet eftersom demokrati och utopi är två olika saker – gör många emigrantryssar mycket frustrerade.

Ordet »lojal« betyder i Ryssland att man förhåller sig till något med förståelse, inte med solidaritet. »Privatisering« kan användas hur som helst. När Rysslands enda bevarade Gulagläger, Perm-36 som har byggts upp av privata aktivister och historiker, skulle övertas av staten, kallade min väninna processen för en »privatisering«.

– Men det är ju tvärtom. De tänker förstatliga museet, sade jag.

– Jaja. De tänker i alla fall förstöra det.

För henne var inte ordets egenliga betydelse viktig. Det viktiga var vad hon själv lade in i ordet. Som många andra associerade hon till 1990-talets kaotiska och ofta mycket orättvisa privatiseringar.

Sedan Ryssland annekterade Krimhalvön 2014 och västvärlden svarade med straffsanktioner har ordet »sanktion« bytt betydelse i rysk debatt. När ryssarna talar om »sanktionerna« i dag avser de ofta livsmedelsbojkotten – som Ryssland själv har infört. Till väst konstaterar man stolt: Ni kan inte knäcka oss, vi behöver inte er parmesan!

Men EU har aldrig straffat Ryssland genom att stoppa parmesanexporten. Det är Kreml själv som har blockerat all livsmedelsimport från EU och USA, i ett försök att svara på sanktionerna.

När det gäller bruket av ord finns det helt enkelt en mycket stor tolerans i Ryssland för att ändra på innebörden av retoriska skäl. Det betraktas inte som konstigt att föra en debatt där man egentligen talar om olika saker.

Jag är inte säker på varför. Är det för att retoriska kunskaper i sig hålls så högt?

Mer sannolikt handlar det om att den politiska debatten ändå inte förväntas leda till något, eftersom Ryssland saknar demokrati, och alltid har gjort det. Då kan man istället fokusera på att låta bra när man debatterar.

Ett fungerande offentligt samtal förutsätter något slags överenskommelse om vad ord och termer betyder. Den överenskommelsen finns inte i Ryssland. Alla ändrar på ordens betydelse hit och dit för att det ska passa deras egen retorik. Resultatet är att det ofta blir oklart vad debatten egentligen handlar om.

I våra små nordiska länder klagar vi ofta på att vi bara kan tala om en sak åt gången. I Ryssland pågår det tusen olika samtal, vart och ett på sin egen plattform, och ingen bryr sig om vad de andra plattformarna talar om. När jag ibland får i uppdrag av hemmaredaktionen att skriva om »hur man i Ryssland reagerar« på en viss händelse kan uppdraget vara i praktiken omöjligt att fullfölja, eftersom det inte finns någon gemensam debatt. Dessutom betraktas frågor som hos oss toppar agendan ofta som marginella i Ryssland, vilket innebär att »den ryska synen« blir något man får leta efter med förstoringsglas.

Det är med andra ord inte sant att ryssar inte debatterar, att alla bara passivt accepterar befallningar uppifrån. Det är bara det att debatten förs på så många olika ställen att det är nästan omöjligt att få någon överblick.

Det är svårt att få verklig förändring till stånd om man inte ens vinnlägger sig om att tala om samma saker.

Livet i Ryssland har fått mig att förstå varför en så viktig del av demokratin är att lyssna.

8. NJET

JAG SKULLE ANMÄLA min dotter till simträning i våra Moskvakvarter. Simhallen hette »Hopp« och var en statlig inrättning. Efter att ha rett ut allt som behövdes – regler, avgifter, friskintyg – frågade jag om jag själv kunde träna simning på denna inrättning.

– Njet.

– Vuxna får inte träna här?

– Njet.

Jag var förvånad. Bassängen skulle ju vara 25 meter lång.

– Det här är en inrättning bara för barn?

– Njet. Vuxna har sina egna dagar.

– Vilka dagar är det?

– Här har ni schemat.

Hon hade menat: Vuxna har sina egna dagar. Men sade: Vuxna får inte simma i bassängen.

Den här sortens svar råkar man ständigt ut för i Ryssland. Det är därför man aldrig genast får ge upp inför ett njet.

Några månader senare hade min dotter och jag flyttat från vår bostad i Moskva. Jag ringde fastighetsförmedlaren för att tala om att jag, i enlighet med hennes instruktioner, inte hade vridit på larmet. En mansröst svarade.

– Kan jag få tala med Natasja? frågade jag.

– Njet.

– Är det här inte Natasjas nummer?

– NJET.

Jag ringde hennes andra nummer. Än en gång svarade samma mansröst.

– Är det här verkligen inte Natasjas nummer?

– Njet.

– Men det måste det ju vara.

– Hon är inte hemma.

Jag exploderade:

– KAN NI SÄGA DET DÅ ISTÄLLET FÖR ATT BARA SÄGA NJET?

Jag lade på luren. Jag visste ju redan svaret:

– Njet.

När vi väl hade flyttat till Sankt Petersburg började jag leta efter en sopsortering i kvarteret. Lyckligtvis hittade jag en på en dryg kilometers avstånd från vårt nya hem. På plats vid sorteringskärlen fanns även personal som informerade stadsborna.

– Tar ni PET-flaskor? frågade jag.

– Njet.

– Men det står här. PET.

– Njet.

– Jamen det står ju här.

– Njet. Det står vad vi inte tar emot.

– Visst. Men det står också vad ni tar emot. Och där står det PET.

– Vi tar emot PET.

– Varför säger ni då till mig att ni inte tar emot det?

– Njet. Vi tar emot det.

En väninna till mig som jobbar på en stor, internationell firma har varit tvungen att lära sina underlydande att de inte ska inleda meningar på engelska med att säga: »No, but...« Istället ska de säga »Yes, and...«

När man ställer en fråga i Ryssland, eller gör ett påstående, är nämligen svaret i nio fall av tio: Njet. Folk börjar med att säga »njet«, sedan fortsätter de med sitt eget resonemang. Efter ett tag inser man ofta att de i själva verket har menat ja och inte nej. Ordet »njet« används i många situationer som ett sätt att ta sig in i diskussionen, ett litet signalord som betyder »jag har något att säga«.

Men det används också mycket ofta när man ställer en konkret fråga. Trots att det visar sig, när man framhärdar, att det rätta svaret inte alls var nej.

Servicepersonal, som tanten på simhallen, svarar ofta »njet« utan att lyssna på frågan. De är vana vid en viss sorts frågor och anser sig därför på förhand veta vad man har på hjärtat. Om en försäljare, en receptionist eller en bussvärdinna (konduktör) säger »njet« ska man därför alltid fråga på nytt, och gärna ställa frågan på olika sätt, för att så småningom komma fram till det rätta svaret.

Mannen som svarade i Natasjas telefon tyckte inte det var mödan värt att svara: Hon kan inte tala just nu. Så mycket enklare att utstöta ett argsint »njet«. Man blir av med människan. Trots att det hade gått mycket snabbare om man bara gett vederbörande rätt information från början.

Ryssar ser inget problem i detta. Jag antar att de omedelbart kan känna av ett njet som är ett njet, ett njet som är ett ja, ett njet som är ett nja och ett njet som bara betyder att vederbörande just nu inte orkar prata med en.

Ryssar svarar också »njet« när de läser in egna, underliggande tolkningar i ett påstående eller en fråga.

– Har ni hört att de börjat bygga ett flygtåg till Sjeremetevo?

– Njet!

– Visst.

– De började bygga redan i somras.

Mitt konstaterande syftade inte till att diskutera tidpunkten för när bygget hade inletts. Jag bara konstaterade: Vi får en tågförbindelse till Sjeremetevo flygplats. Men min väninna läste in något annat. Hon hade ju hört om tågbygget före mig.

En annan gång frågade jag en svampplockande äldre kvinna hur hon konserverar svamp.

– Saltar ni den?

– Njet.

Lite längre fram i konversationen kom det fram att hon visst saltar svampen. Men när en utlänning ställer en korrekt fråga måste man ändå först säga nej.

Frågan är varför. Är det för att utlänningen annars kunde ha fått det felaktiga intrycket av att hon vet någonting om svamp?

Att säga »njet« är ett sätt att behålla kontrollen. Det är därför servicepersonal tycker om ordet. Det ger dem en möjlighet att först vara stränga, och sedan visa sig generösa. Då behåller man övertaget. I rysk kommunikation är det viktiga ofta vem som har övertaget, vilket ibland kan leda till helt obegripliga gräl främlingar emellan på bussen. Person X råkar sätta sig för nära Y, Y ber X att flytta på sig, X ger sötsurt svar och så är grälet igång.

På en direkt fråga kan man alltså på ryska svara »da« (även

om det är mycket sällsynt), eller »njet«. Men man kan också svara »da njet«. Dess betydelse motsvaras ungefär – men inte helt och hållet – av svenskans »nejdå«. Det används när man vill få fram att saken kanske kunde vara på ett visst sätt, men nu är den inte det.

– Är du missnöjd med dina betyg?

– Da njet.

Är personen ifråga missnöjd? Hon säger att hon inte är det. Men lämnar samtidigt dörrarna öppna.

Oviljan att säga något annat än nej – att lösa problem genom att backa ett steg – kan ibland leda till fullkomligt absurda situationer. När vi har flyttat till Petrogradskij-ön i Sankt Petersburg börjar min dotter i en ny simklubb. Efter att vi har genomgått alla nödvändiga läkarundersökningar ringer jag den lokala simhallen, talar om att jag har ett tioårigt, simkunnigt barn och frågar vilka grupper det finns som skulle passa henne.

Jag blir rekommenderad en grupp måndag eftermiddag halv fyra. När min dotter och vår barnflicka Rimma kommer hem säger Rimma att barnet har hamnat i en åldersblandad grupp där inte ens alla kan simma. Det finns en annan grupp med simkunniga barn i hennes egen ålder som tränar samtidigt. Den skulle passa henne mycket bättre.

Jag ringer simhallen för att fråga om vi kan byta grupp. Först får jag luren slängd i örat, eftersom tanten i andra ändan säger att hon inte förstår vad jag vill. Jag ringer upp på nytt.

– Jag förstår inte vad ni talar om, säger hon efter att jag för andra gången har lagt fram min sak.

– Men det är inte så svårt att förstå. Min dotter har fått

plats i en blandad grupp där alla inte kan simma. Vi vill simma i barngruppen.

– Ni simmar i barngruppen.

– Nej. Vår *njanja* (barnflicka) säger att min dotters grupp är blandad.

– Vill er *njanja* också delta i simträningen?

– NEJ! Jag vill att mitt barn ska byta grupp.

– Jag förstår inte vad ni talar om. Ifall ni vill byta tränare får ni komma till simhallen i egen hög person.

På eftermiddagen åker jag till simhallen på sparkcykel. Där blir jag mottagen av en annan, skeptisk tant.

– Jag förstår inte vad ni talar om, upprepar även hon.

– Men det är inte alls svårt att förstå. Det simmar två grupper samtidigt och vi har blivit placerade i fel grupp.

– Ni har själva valt den här gruppen.

– Det har vi inte alls! Ingen talade om för mig att två grupper tränar samma tid.

– Ni har inte frågat.

– Hur ska jag veta om vi är nya här?

– Jag förstår inte vad ni vill.

– Vi vill simma i den andra gruppen.

– Det finns bara en grupp.

– Det stämmer ju inte! Rimma sade…

– Jag får kalla in bokföraren. Jag förstår inte vad ni säger.

När jag har blivit inföst hos bokföraren meddelar jag henne direkt att min fråga är fullständigt solklar, men att det är tydligen bäst att låta Rimma förklara vad jag vill. Jag ringer Rimma och ger tanten telefonen. Hon börjar omedelbart förklara att det bara simmar en grupp klockan 15.30. Då hör jag Rimmas röst i telefonen. Ett mycket tydligt NJET.

– NJET. Hon vill att barnet ska träna i den andra gruppen.

– Men...

– HON VILL DET.

Som genom ett trollslag får vi byta grupp.

Efteråt får jag veta att vi hade placerats i den första gruppen därför att den hade för få barn. När jag begärde att få byta grupp låtsades personalen helt enkelt inte förstå vad jag ville.

Förkärleken för ordet njet har också att göra med att ryssar älskar att argumentera, *sporit*. Ofta säger man emot inte för att man egentligen är av motsatt åsikt, utan bara för att kunna ha ett trevligt litet gräl. Ett bra gräl betraktas som höjden av underhållning.

Vältalighet hålls minst lika högt som faktakunskaper, vilket också leder till att det ofta inte går att övertyga folk i Ryssland med sakargument. De svarar reflexmässigt med att gå upp ett snäpp retoriskt. Det ryska ordet för vältalighet, *krasnoretjie*, betyder bokstavligen att tala vackert, och den som äger förmågan respekteras över hela den politiska skalan.

Jag intervjuar ibland personer som på olika sätt representerar Kremls propagandamaskineri. När vi lämnar intervjun kan min ryska fotograf, som inte nödvändigtvis håller med om vad personen säger, ändå uttrycka beundran över att vederbörande är så skicklig på att formulera sina lögner. Du borde lära dig att bli lika skicklig, säger fotografen till mig.

Det ryska sättet att kommunicera består ofta av böljande samtal utan slutsatser. Man hamnar mitt i en ström av ord, fraser, utvikningar och återvändsgränder, hugskott och ingivelser, ord som bara är utfyllnad, frågor som ställs utan att frågeställaren väntar sig något svar. Det eviga parlamenterandet hit och dit leder också ofta till att vardagliga överenskommelser som man tror sig ha ingått – som till exempel om var man ska luncha – inte var några överenskommelser. Plötsligt startar hela diskussionen på nytt, om en fråga som man trodde redan var avgjord.

I denna diskussionskultur har ordet njet sin givna roll. Ibland signalerar det »hör här«, ibland är det bara utfyllnad, ibland kan det uttalas som ett spefullt »njeeeeet«, ibland är det ett kategoriskt, kort och kraftigt »NJET«, ibland är det ett obestämt »da njet«.

Det kan se ut på tusen olika sätt:

Njetu.

Njet i vsio.

Njet-njet.

Njet tak njet.

Njet kak njet.

Njet i njet.

Man kan i vilket fall tryggt utgå ifrån att det finns få sammanhang där det inte skulle gå att strö in detta älskade ord.

Det enda man behöver göra är att ställa en fråga. Till exempel:

– Varför säger ni alltid njet?

– Njet. Du missförstår.

9. ALLA VET

Journalister är per definition intresserade av problem. Det är detta vi skriver om hela tiden – problem, konflikter, dramatik.

På samtliga dessa punkter är Ryssland ett ymnighetshorn. Det är också det som gör landet så intressant ur journalistisk synvinkel.

Att problemen och konflikterna är många innebär också att de lyfts fram i rapporteringen. Men det betyder inte att det finns något journalistiskt intresse av att svartmåla Ryssland. Tvärtom ser många korrespondenter det som sin viktigaste uppgift att nyansera bilden. Visa att det även finns ett annat Ryssland.

Det är ändå oundvikligt att problemen dominerar rapporteringen. Det går bara att bevaka en bråkdel av Putinregimens människorättskränkningar, annars skulle man aldrig göra annat. Kremls propagandamaskin går för ständigt högtryck och levererar i en strid ström nya versioner av alla skandaler där Ryssland åkt fast med fingrarna i syltburken. Duman, i folkmun kallad »den galna printern«, spottar ur sig det ena lagförslaget efter det andra om att avkriminalisera våld i hemmet, förbjuda så kallad homosexuell propaganda, skydda religiösas känslor och förbjuda historietolkningar som går in på Sovjetunionens brott. Kreml invaderar grannländer och fuskar i val.

Vi västerländska journalister anklagas ofta för att sprida en negativ bild om Ryssland. Jag önskar att Kreml inte skulle göra det så lätt för oss.

Men Ryssland är mycket mer än sina makthavare. Ryssland är sina människor. Det är tack vare dem som jag efter över tio år som Moskvakorrespondent fortfarande älskar mitt jobb. Det finns så många berättelser i Ryssland, så många människoöden, så mycket mänskligt mod, så många tragedier – och så mycket hopp, motstånd och sinne för humor.

Samtidigt finns det också vissa återkommande tendenser, vissa fraser som folk tycker om att upprepa, hjulspår som känns trygga att gå i. Etablerade uppfattningar om hur saker och ting »är«. De här uppfattningarna utgör i praktiken grundstenarna i ett auktoritärt styre.

Dessa grundstenar kan sammanfattas i tre uttryck:

– Det vet ju alla.

– Så här är det överallt.

– Så här är det bara i Ryssland.

När dessa uttryck används handlar det i allmänhet om två saker:

Att förminska en i sammanhanget central omständighet.

Att släta ut och relativisera förfärligheter.

Jag är i Sjies i Rysslands nordvästra vildmarker för att göra ett reportage om kampen mot en avstjälpningsplats. I lägret som aktivisterna har byggt för att skydda kärret mot sopor får jag syn på ett porträtt av Stalin. Det hänger på hedersplatsen på en liten kulle, bland en massa flaggor och skyltar.

Jag frågar aktivisterna varför de vill ha ett porträtt på en blodig diktator i sitt läger.

– Om Stalin hade levat hade han ställt upp er allesammans mot väggen och skjutit er på fläcken, säger jag.

– Ni förstår inte. Det är inte vi som har hängt upp det här porträttet utan en grupp Stalinaktivister som besökte oss.

– Varför lät ni dem göra det?

– Ni förstår inte. För många i Ryssland är Stalin en hjälte.

– För många var han en massmördare. Av alla historiska personer i Ryssland måste ni alltså hänga upp just honom?

– Ni förstår inte. Stalinaktivisterna var här. De stöder oss. Varför skulle de inte få hänga upp sitt porträtt?

– Och när Hitleraktivisterna kommer hit får de också hänga upp ett porträtt av Hitler?

– Ni förstår inte...

I västliga medier har det skrivits mycket om hur stalinisterna i Ryssland blir fler. Då handlar det om människor som är ideologiskt övertygade, på samma sätt som medlemmarna i en sekt.

Ett större problem är vanliga människors ovilja att ta ställning. I övrigt moderna personer, som absolut inte skulle vilja leva i en totalitär stat, kan betrakta det som acceptabelt att man till exempel restaurerar en hyllning till Stalin på metrostationen Kurskaja i Moskva. Inskriptionen »Stalin fostrade oss till trohet, arbete och uppoffringar« avlägsnades efter Stalins död på 1950-talet, men restaurerades då metrostationen renoverades år 2009.

Det skedde naturligtvis inte utan protester. Uppfattningen

om det ryska folket som en apatisk massa stämmer inte – det finns alltid människor i Ryssland som reagerar och protesterar. Men faktum kvarstår att sedan restaureringen gjordes passerar flera miljoner Moskvabor dagligen hyllningen av en diktator, och det har inte lett till någon vidare debatt.

Det finns en helt uppenbar förklaring till att Stalinporträttet kunde hängas upp i Sjies. Det ryska samhället saknar helt enkelt konsensus kring vem Stalin var och vad han gjorde. Att denna konsensus fattas beror på att frågan aldrig har diskuterats ordentligt.

Istället svarar man på alla ifrågasättanden med samma reflex: Ni förstår inte hur svår och komplicerad vår historia är. I praktiken menar man: Ryssland och rysk historia är unika, samma regler som gäller alla andra kan inte gälla för oss.

Trots att det egentligen handlar om ett helt banalt fenomen: Om man aldrig har gått till botten med sina diktatorer tycker man inte det är så farligt att det hängs upp porträtt av dem.

Parallellt med denna uppfattning finns en annan, besläktad, trots att den predikar den totala motsatsen: Att det inte är något speciellt med den ryska historien. Att det inte är något särskilt med alla förfärligheter som ryska ledare utsatt sitt folk för, sådant förekommer ju överallt.

En höstkväll intervjuar jag en före detta Gulagfånge i Podolsk, en förort till Moskva. Det är en fragil och trött gammal man, men hans minne är kristallklart. När hans svärson skjutsar mig till tåget är jag fortfarande djupt tagen av vittnesmålen om åren i läger, svälten, kölden.

– Hur kan en människa överleva något sådant? säger jag.

– Varför är ni så till er? Sånt händer väl i alla länder, svarar svärsonen.

»Sånt händer överallt« används som ett slags universell tröst. Att man har så mycket lidande i sin historia är tungt i sig. Man vill inte dessutom tänka tanken att en stor del av detta lidande hade kunnat undvikas.

Jag får ibland frågan i Ryssland varför till exempel Gulag och dess historia intresserar mig så mycket. Varför skriver ni om just den saken? Min motfråga är alltid densamma: 18 miljoner människor passerade genom arbetsläger i ert land. Hur är det möjligt att ni själv inte är intresserad?

Svaret är till exempel:

– Sådant finns väl i alla länder.

Några år senare sitter jag i sällskap med några vänner och äter middag på en fiskrestaurang i Moskva. Vi diskuterar oligarkväldet i Ryssland.

– Inget att oroa sig över. Så här är det alltid när länder går igenom en ekonomisk övergångsperiod, säger min kompis Tanja.

– Men korruptionen och röveriet blir bara värre. Alltmer pengar slussas ut ur Ryssland, säger jag.

– Det här har alla länder varit med om. Det är inget att oroa sig över. Titta på Rockefeller i USA.

Också Putin tycker om att beskriva ryska problem som överallt förekommande. När demonstranter grips och misshandlas säger han att vilket civiliserat land som helst måste upprätthålla allmän ordning. När ryska idrottare åker fast för systematisk dopning säger han att dopning är ett problem som förekommer i alla länder. Nästan varje gång Putin ställs till svars av internationell press för människorättskränkningar svarar han att Ryssland agerar som vilket annat land som helst. Kremltjänstemännen tycker också om att motivera ny lagstiftning med att man bara inför samma lagar som redan »finns i hela världen«. (Vi får dock aldrig veta var de finns.)

Putin fortsätter egentligen bara en sovjetisk tradition, som kallas whataboutism. Den innebar i korthet att Sovjetunionen svarade på kritik mot sitt auktoritära styre genom att peka på problem i andra länder, till exempel de svartas situation i USA. Resonemanget får stark genklang i det ryska samhället. Alla känner igen det och uppfattar det som logiskt.

Samtidigt vidhåller man att Ryssland är unikt. Detta gäller i synnerhet dess historia. Det upprepas ofta i ryska debatter att Ryssland aldrig har anfallit någon utan bara försvarat sig, trots att en mycket stor del av alla folk som har underkastats det ryska imperiet sannerligen inte har gått med på det frivilligt. I religiösa kretsar är uppfattningen om Moskva som det tredje romarriket vanlig. Det innebär att Ryssland bär det urkristna arvet vidare, att Ryssland har en inneboende uppgift att frälsa Europa.

Parallellt med dessa strömningar om Ryssland som ett bålverk mot den destruktiva modernismen lever uppfattningen om att Ryssland är en frihetens bastion, det enda land i Europa där man får säga sin åsikt utan att anfallas av pk-eliten, där män får vara män och kvinnor får vara kvinnor.

I slutet av 2019 intervjuar jag den ryska satirikern Viktor Sjenderovitj. Vi diskuterar hans satir och hur han riktar udden inte bara mot makthavarna, utan också mot det ryska folket. Det har upprört känslor. Men enligt Sjenderovitj fortsätter han bara en gammal satirtradition, som började redan med Jonathan Swift: Hårdast är man mot sina egna, inte mot omvärlden.

När intervjun översätts till ryska och läggs ut på nätet får den många arga kommentarer. En läsare skriver:

– Inga makthavare i något annat land skulle tolerera en sådan motbjudande Judas.

Nästa läsare:

– Ingen svensk komiker skulle kunna vara lika elak mot sitt eget folk.

Och nästa:

– I väst är det helt oacceptabelt att kritisera sitt eget folk. Men hos oss har vi åsiktsfrihet… också för dem som ingenting har att säga.

Läsarna hävdar alltså att Ryssland är för tolerant mot sina oliktänkare, i motsats till västvärlden – trots att det i själva verket förhåller sig tvärtom. Det är inte i väst man kan få en fängelsedom för att ha gillat en status på Facebook. Det är i Ryssland.

Att folk trots detta gång på gång påstår att Ryssland är liberalare än väst handlar visserligen om okunskap. Men framför allt är det slentrian. Man säger något man har hört många gånger. Något som låter bra och som man aldrig behöver verifiera.

Varför inte? Därför att alla vet att det är så.

Argumentet »alla vet« är ett av de mest älskade i rysk debatt. Man hör det i alla möjliga sammanhang. Till exempel när någon ska förklara att det var USA som åstadkom Majdanrevolutionen i Ukraina.

– Det vet ju alla.

– Hur vet man det?

– Alla vet.

Svaret »alla vet« innehåller alltid en liten tagg: Om du själv inte vet det beror det bara på att du är aningslös.

Till kategorin »alla vet« hör även synen på oppositionsledare. »Alla vet« att de får betalt av USA. Att Greta Thunberg styrs av frimurare eller Soros är naturligtvis inte heller »någon hemlighet«.

Känslan av att veta något som andra inte vet – av att ha insiderinformation – är behaglig. Den kan i själva verket få en att tro vad som helst. Om man är övertygad om att man tillhör en upplyst krets behöver man inte granska information. Ett faktum som »alla vet« behöver aldrig granskas. Den som inte tillhör de upplysta har själv ett problem. I Ryssland tycker man inte om att framstå som okunnig om saker som den upplysta kretsen känner till. Det är därför argumentet »alla vet« fungerar så bra.

År 1986 drabbades Sovjetunionen av en fruktansvärd katastrof då kärnkraftverket i Tjernobyl exploderade. Statsledningen gjorde allt för att dölja sanningen, både för sina medborgare och omvärlden. När generalsekreteraren Michail Gorbatjov till sist gick ut i tv och talade om vad som hade hänt inledde han sitt tal med att säga:

– Som ni alla vet har vi råkat ut för en olycka.

Uttalandet är mycket märkligt. Varför säga »alla vet« i en situation där man själv har gjort allt för att förneka och dölja katastrofen? Gorbatjov inledde ändå talet med den här frasen, för att etablera ett mer fördelaktigt narrativ om det skedda – men också för att vädja till medborgarnas instinkt av »alla vet«. I Sovjetunionen grundade sig en stor del av informationen på rykten, det var de som ersatte konkret information, vilket ledde till att »alla vet« i praktiken kunde betyda vad som helst. Precis som det gör än idag.

För Gorbatjov och hans åhörare fanns ingen paradox i att samma sovjetledning som dolde sanningen utgick ifrån att folk ändå kände till den. Att hålla två olika sanningar i huvudet samtidigt var normalt, och är det fortfarande.

En befolkning som relativiserar allt är envåldshärskarens bästa vän. Ett problem som existerar överallt behöver man inte lösa. Ett problem som inte är ett problem utan ett resultat av vårt lands unika historia behöver man inte heller lösa.

Men när det gäller konkreta problem i ens eget närområde relativiserar ryssar inte. De kräver att problemen ska lösas. På senare år har motståndet mot tjänstemännens godtycklighet på lokal och regional nivå blivit allt större. Tjänstemännens försök att relativisera bort problemet, eller att finta bort protesterna med tomma löften, fungerar inte alls.

Kreml motiverar till exempel sin nya avfallspolitik – bygget av jättelika avfallsanläggningar som ska bränna tonvis med osorterade sopor – med att man kommer att följa »högsta internationella standard«. Ingen går på det. Folk vet att påståendet är taget ur luften. Det väsentliga är att folk inte bara ser igenom lögnen, utan att de också drar sina slutsatser och protesterar.

Varför envisas samtidigt aktivisterna i Sjies med att ha ett Stalinporträtt hängande i lägret? Därför att det ibland kan vara mycket svårare att se sitt eget förflutna i ögonen än att ställa sig i vägen för en grävskopa.

10. RYSKA SAMTAL

EN MORGON ÅKER min dotter och jag som vanligt buss till hennes skola i Sankt Petersburg, dit vi har flyttat från Moskva. Vi brukar ha vår pudel med oss. Efter att jag har lämnat barnet på skolan går hunden och jag hem till fots.

Varje morgon infinner vi oss på bussen – samma rutt, samma tid, samma laguppställning. Det tog inte lång tid för bussvärdinnorna att börja känna igen oss. Bussvärdinnorna finns på alla bussar och trådbussar i Sankt Petersburg. Deras jobb är att kontrollera att alla har en giltig biljett.

Denna morgon är vår laguppställning bristfällig. Sådant undgår inte bussvärdinnor.

– Var är hunden? undrar hon.

– Han blev hemma idag. Jag måste uträtta ett ärende efter skolan.

– Då gråter han säkert.

– Antagligen, säger jag ursäktande.

Vår hund klarar sig utmärkt några timmar på egen hand, men jag vill inte argumentera med tanten. Det ingår inte i vårt förhållande.

– En hund behöver sin familj.

– Ni har så rätt.

När vi stiger av bussen säger min dotter och jag:

– På återseende.

Tanten nickar nådigt och ler.

Nästa dag sätter sig en annan tant, klädd i minkpäls och med målade läppar, framför oss på bussen. Hunden är med och tanten gullar förtjust med honom.

Sedan vänder hon sig till min dotter.

– Brukar hunden följa dig till skolan?

– Ja.

– Sköter du dig i skolan? undrar tanten förmanande.

– Visst gör jag det.

– Du får väl bara femmor? (Femma är det högsta betyget i Ryssland.)

Tantens avsikt är inte att lägga sig i, eller sätta press på min dotter. Det är bara hennes sätt att kommunicera med barn.

Jag för ofta den här sortens samtal i Ryssland, i synnerhet med kvinnor över femtio. Ett slags blandning av utbyte av information och förmaningar. Personen ifråga är alltid äldre än jag och det är alltid mitt barn eller jag själv som blir förmanade, aldrig tvärtom.

I Ryssland är det normalt att äldre personer tillrättavisar och förmanar yngre, det ligger i sakens natur. Min dotter lärde sig tidigt att man inte ska ta alla förmaningar bokstavligt, att de uttalas som en ritual. Ofta har de en kärna av värme.

Förhållandet mellan ryska tränare och deras adepter är en historia för sig. Att det är hierarkiskt är självklart. Dessutom anser ryska tränare att adepterna inte anstränger sig tillräckligt om de inte utsätts för en strid ström av förolämpningar.

Denna omständighet blev tydlig när min dotter började med olika fritidsaktiviteter – schack, simning, rytmisk sportgymnastik.

Gymnastiktränaren skrek åt barnen att de inte skulle lata sig. När de ville springa runt och leka innan träningen började röt hon åt dem att de inte skulle fnatta runt och bli förkylda. Barnen trycktes ner i spagat med handkraft. Då de grinade illa var tränarens svar:

– *Sportsmenka terpit.* Idrottaren står ut.

Följande år började min dotter istället simma. Efter ett tag meddelade tränaren att det var dags för torrträning.

– Vi måste dra ut ledbanden på henne. Annars får hon aldrig in den rätta sparken för bröstsim. Vigheten måste tränas in som barn, sedan blir man för styv.

– Det gör antagligen ont?

– Naturligtvis. Barnet gråter lite, men det går över.

– Hon har redan varit med om samma sak i gymnastiken. Där tryckte de ned henne i spagat.

– Så bra! Då är halva jobbet redan gjort.

– Ja, men det var därför hon slutade med gymnastiken.

– Grät hon?

– Nej. Hon bara klagade för mig.

– Då är allt i sin ordning.

Tränaren var en drygt tjugoårig kille, gladlynt och skojfrisk. Vi kom bra överens och jag började också träna simning för honom. Efter att vi lärt känna varandra lite bättre föreslog jag att vi skulle dua varandra, men han vägrade – jag var ju äldre än han. Det hindrade honom emellertid inte från att stående vid bassängkanten peppra mig med förolämpningar, med ett brett leende över hela ansiktet.

– Ert viftande liknar en delfin på ett delfinarium som vinkar åt publiken, sade han när jag simmade crawl.

För att få mig att hålla ihop fingrarna hotade han med att tejpa ihop dem.

– Sluta spärra ut fingrarna! Nu går jag efter tejp!

När vi senare hade gemensamma torrträningar, min dotter och jag, fick vi bland annat göra en mängd olika hoppövningar.

– Hon har svaga ben, sade tränaren medan barnet kämpade på.

– Jaha.

– Ni har ännu svagare.

Schackläraren krävde att barnet skulle öva schack med surfplattan varje dag. Sedan gick han igenom alla drag hon hade gjort och slet sitt hår.

– Att gå igenom er dotters partier är inte särskilt upplyftande. Några av hennes drag gjorde mig nästan utom mig. Ni måste spela med henne varje dag, sade han och tittade anklagande på mig.

Det var omöjligt att förklara för honom att målet med min dotters schackspelande inte var att göra henne till en ny Kasparov. En rysk tränare har alltid målet att göra sin adept till en mästare. Vad är det annars för idé att försöka lära sig något?

Tränaren tilltalar adepten från ett von oben-perspektiv. Att tänka på adeptens känslor finns inte på kartan – då blir det ju inga framsteg. Språket är fyllt av målande jämförelser och utstuderade hot. Det hör till att man som adept ska underordna sig, man ska tåla att bli omruskad. Kommunikationen är en envägskommunikation och något beröm ska man inte vänta sig.

Min dotter insåg som tur var att man inte behöver ta utskällningarna på allvar. Hon vet att det är tränarens sätt att kommunicera, inget som ska tas bokstavligt. Tack vare sina ryska tränare har hon blivit luttrad och lärt sig att betrakta motgångar och kritik som en del av livet. Men om hon hade varit lite annorlunda funtad hade resultatet lika gärna kunnat vara traumatiska minnen. Vi har haft mycket fina förhållanden med ett flertal av min dotters tränare, men samtidigt är de här pedagogiska metoderna en av de viktigaste orsakerna till att jag inte har satt henne i rysk skola. Det är en sak att bli kritiserad av sin tränare och kunna skratta åt det hemma, en annan sak att bli det av sin lärare inför resten av klassen.

Vår ridlärare är undantaget – han höjer aldrig rösten mot min dotter. Henne behandlar han som sina hästar, med samma vänlighet och tålamod. För honom är hästar och barn samma sak.

Mycket av kommunikationen i Ryssland styrs av människors ålder och kön. Det är antagligen en av orsakerna till att man ofta dras in i samtal med folk man inte känner. Å ena sidan är det förutsägbart. Å andra sidan kan det ofta leda till rätt överraskande kommentarer då folk i skydd av sin position tar sig friheter att säga allt möjligt tvetydigt, att flirta och gnabbas med människor de inte känner.

Försäljaren i min grönsaksaffär i Moskva bannar kunder som inte har synts på länge.

– Var har ni hållit hus! Vi hann redan bli oroliga, förebrådde hon en äldre herreman som köpte gurkor före mig i kön.

– Jag har varit på datjan, sade gubben.

Han ser förtjust ut över uppmärksamheten och blir ännu gladare när expediten vände sig till en kollega och säger:

– Jag håller noga reda på alla mina älskare.

En oktobermorgon har jag bråttom till jobbet. Jag ska bara slinka in i affären och köpa mjölk, men dörröppningen spärras av ett gäng *grusjtjiki*, lastare, som håller på att bära in varor. Stressad som jag är tänker jag nästan hoppa framför näsan på en av dem, men besinnar mig. Han bär ju tungt. Självklart ska han gå före.

Mannen stannar och låter mig passera. Jag slinker generat genom dörröppningen och mumlar »tack« medan jag rusar till mjölkhyllan. Då hör jag honom säga bakom mig:

– För Er gör jag allt.

Ett slags chevaleresk vardagsflirt. Inte att förväxla med opassande närgångenhet utan bara en liten markering: Jag har sett er.

Ryska kvinnor använder ibland samma slags signaler när de vill blanda bort korten. I december 2020 besöker jag en vaccinationsklinik mot corona i Moskva. Vi är ett tiotal inbjudna medier, som ställer kritiska frågor till den kvinnliga chefsläkaren om hur säkert det ryska coronavaccinet Sputnik V egentligen är. Då säger chefsläkaren plötsligt:

– Det som grämer mig mest när världspressen är på plats är att jag måste ha munskydd. Jag är en vacker kvinna. Mycket vacker! Och nu får ni inte se mig.

Läkaren vill göra stämningen intim, få presskonferensen på en annan bog och slipper kritiska frågor.

Vanligt för ryska samtal och replikskiften är att de kan ta vilken vändning som helst. Folk kan vara makalöst kvicka mitt i språnget. En passagerare i bussen kan helt opåkallat sätta igång små föreläsningar för alla som vill höra på. En vårdag stiger jag på en buss i Moskva, på väg hem från jobbet. Det är rusningstid, passagerare trampar in i bussen i en aldrig sinande ström och inom kort är den knökfull. När jag har avancerat till mitten av fordonet inser jag att det inte går att komma längre. Utanför trycker folk obekymrat på. Jag vill inte bli ihjälklämd och ropar till busschauffören:

– Stäng dörrarna! Bussen är full!

– Vilken bra ryska ni talar! utbrister en ung kille framför mig, som mitt i trängseln lystrar till min accent.

– AJ AJ MITT BEN! skriker en kvinna i falsett då chauffören börjar stänga dörrarna.

– Kvinna, gå av bussen om ni lider så svårt! ropar en av passagerarna.

– Kalla mig fröken! Jag är 22! skriker kvinnan rappt tillbaka.

Hela bussen gapskrattar.

Vid nästa hållplats stiger en äldre dam i omfångsrik solhatt och solglasögon på bussen. Hon spänner ögonen i alla medpassagerare, hon anser att någon borde stiga upp och ge henne en sittplats. I det här fallet är dock nästan alla som sitter i samma ålder som hon själv. Damen inleder indignerad ett samtal med två unga mammor med barnvagnar.

– Folk har slutat stiga upp för äldre. Det är förskräckligt. Bara de etniska minoriteterna gör det.

(Kvinnan använder ordet *natsmensjinstva*. Det betyder »nationalnye mensjinstva«, etniska minoriteter, och med ordet avses i praktiken kaukasier och centralasiater.)

– Ni behöver inte bli så upprörd. Folk stiger upp om man ber dem.

– Vet ni ens om att det har gått sextio år sedan vi sände den första satelliten upp i rymden? undrar damen i en klassisk rysk helomvändning.

– Varför skulle jag inte veta det?

– Folk vet ingenting nuförtiden. Jag jobbar på Rymdinstitutet och de har skurit ned på allt. Sjutton år av terror! Och allt på grund av den där olyckan Putin.

På några minuter gick damen igenom den moderna tidens ohyfs för en vilt främmande människa, övergick till det sovjetiska rymdprogrammet, fortsatte med nedskärningarna på hennes arbetsplats och avslutade med en utskällning av Putin.

Hon hade säkert fler ingångar på lager. Tyvärr var jag tvungen att gå av bussen, så jag missade resten.

11. RIKTIGA KVINNOR OCH MÄN

EN JANUARILÖRDAG I Moskva får jag ett samtal.

– Angående intervjun med Ksenija Sobtjak: Infinn er kvart i sex vid vår valstab. Ni får ställa frågor i femton minuter medan hon sminkas.

Jag är lycklig. Ksenija Sobtjak är Rysslands kanske mest kända kvinna. Men det som i mina ögon gör henne speciell är något annat – att hon är en kvinna som vägrar spela enligt reglerna.

Sobtjak kunde ha nöjt sig med den hon var från början – societetslejon, modeikon, profil i sociala medier. Att hon därefter blev oppositionsaktivist, Putinkritiker och till sist kandidat i presidentvalet 2018 gör henne ovanlig i sig. Men det mest ovanliga med henne är att hon inte anpassar sig till den smala roll som kvinnor i Ryssland får sig tilldelade. Det är inte på grund av att hon är vacker och glamorös som hon får motta tonvis med dynga på sociala medier, av Kremlkontrollerade kanaler och av den Putinkritiska oppositionen. Det är för att hon dessutom är skarp, intelligent och välformulerad – och visar det.

Det är inte så att kvinnor i Ryssland allmänt betraktas som korkade. Tvärtom är det en fördel för en kvinna att vara utbildad och förfinad. Men hon ska inte dominera, inte vara smartare än mannen, inte tro att hon är något. Sobtjak tror att hon är något. Jag antar att det är därför hon retar så många, oavsett politisk övertygelse.

Min ryska fotograf och jag har långa diskussioner om varför Sobtjak är så provocerande. Fotografen tycker det är självklart varför och sammanfattar det i ett ord:

– *Sterva*. Bitch.

Ryska språket böjer verben enligt genus. Är man kvinna lägger man till ett -a i imperfekt och perfekt. En fras som på svenska kräver fyra ord – »jag har gjort det« – klarar ryskan med ett enda verb, som dessutom informerar omvärlden om huruvida »jag« är kvinna eller man: Kvinnor säger »sdelala«, män »sdelal«.

Barn socialiseras in i att säga rätt genusform. För mig som har lärt mig ryska som vuxen händer det fortfarande att jag glömmer att lägga till a:et. Utan att tänka talar jag som en man, vilket inte är så konstigt. Jag följer ju bara huvudmodellen.

Utgångspunkten i både det ryska språket och samhället är mannen. En man som träder in i ett rum är alltid huvudpersonen. En man som sätter sig ner vid ett middagsbord kan räkna med att inte bli avbruten. En man som träder in på en restaurang blir alltid serverad först.

En förmiddag i Moskva har jag precis satt mig i en folktom lunchrestaurang då en man kommer in. Trots att jag kommer in först går servitriserna omedelbart fram till honom, utan att han ens behöver kalla dem till sig. Då beslutar jag mig för att göra ett experiment. Jag ska vänta och se hur lång tid det tar innan de på samma sätt kommer fram till mig, utan att jag försöker påkalla deras uppmärksamhet.

Servitrisen tar mannens beställning. Efter femton minuter serverar hon honom mat. Han äter med god aptit. Läser något i sin telefon. Ber om att få räkningen. Betalar och går.

Vid det laget har det gått ungefär fyrtiofem minuter. Inte en enda servitris har ens kommit fram och gett mig menyn. Alla tre servitrisers uppmärksamhet är helt och hållet riktade mot mannen.

Jag har ett möte i närheten och bryter upp. Innan jag lämnar restaurangen går jag fram till servitriserna och talar om för dem att jag har utfört detta experiment. De tittar på mig, på en gång nollställda och besvärade. Sannolikt betraktar de mig som en dåre.

Utländska män som flyttar till Ryssland blir ofta oerhört förtjusta i att könsrollerna i landet fortfarande är så tydliga. Män får vara män och kvinnor kvinnor. Det är bekvämt och framför allt djupt bekant. Alla de strukturer som finns i Ryssland när det gäller synen på underordnade grupper – till exempel kvinnor eller etniska och sexuella minoriteter – finns även hos oss i väst. I dag är vi medvetna om dem och bekämpar dem, men det betyder inte att de har försvunnit. De finns kvar, underliggande. I Ryssland är de uppenbara, ingenting man hymlar med utan tvärtom betraktar som tingens nödvändiga ordning. Det är därför livet i Ryssland är häpnadsväckande lärorikt när det gäller att förstå sig själv och sitt eget samhälle. Det är som att ständigt betrakta sig själv i retrospektiv. Ryssland är på många plan som en genomskärning av de konflikter som delar världen i globaliseringens tid – klimatförändringen, populismen, feminismen.

Livet i Ryssland har lärt mig att förstå varför till exempel könsmaktordningen är så seg. Den är bekväm och har funnits så länge att många intressen kring dess bevarande uppstått, inklusive inom den underordnade gruppen. Många ryska kvinnor motsätter sig feminismen, dels på grund av den nidbild som sprids kring den i Ryssland, dels därför att de helt korrekt antar att jämställdhet skulle frånta kvinnor vissa privilegier. Ett sådant privilegium är rätten att vänta sig att bli försörjd.

Jag skriver »vänta sig«. Den ryska idealbilden av kärnfamiljen där mannen drar in pengar och bär fram sin kvinna på piedestal är älskad, men sällan sann. Ryska kvinnor är i genomsnitt bättre utbildade än män (37 procent av kvinnorna och 29 procent av männen har högre utbildning). Andelen skilsmässor är hög. År 2018 slutade 65 procent av alla ingångna äktenskap i skilsmässa. Att barnen bor hos sin mamma är regel, däremot är det inte regel att alla fäder bidrar till underhållet eller ens träffar sina barn. Det är vanligt att ensamstående mammor ensamma försörjer barnen, som blir uppfostrade av mormor medan mamman förvärvsarbetar.

Ryska kvinnor tycker samtidigt om att odla en bild av sig själva som svaga och hjälplösa. Den bilden har mycket litet med verkligheten att göra, men den upprätthålls, ibland med närmast fanatisk iver. Det ligger en ofrivillig komik i hur samma kvinnor som dagligen bevisar hur kapabla de är både i yrkeslivet och som mammor och döttrar vårdar bilden av sig själva som ömtåliga blommor.

Enligt kvinnosaksaktivisten Aljona Popova är det ett ideal som främst trollbinder kvinnor kring fyrtio.

– Äldre kvinnor som levde under sovjettiden är inte lika mottagliga för prinsessmyten. Och för yngre kvinnor är jämställdheten viktig. Det är min generation som gillar sagan om Meghan Markle som gifte sig med prins Harry, säger hon.

Jag intervjuar ofta Aljona Popova i frågor som gäller jämställdhet. Hon är utbildad jurist med blonderat hår, välmanikyrerade naglar och stort mod. Det krävs kurage för att ständigt uttala sig i en fråga som väcker så mycket aggressioner på sociala medier. Att följa Popova hjälper mig att förstå varför jämställdhet provocerar så många män (och kvinnor) även i väst.

Det handlar om hotade privilegier. Få saker gör folk så rasande som när deras privilegier ifrågasätts.

I Ryssland finns det inga filter när det gäller att uttrycka chauvinism eller misogyni. Det ser man till exempel på reaktionerna när Finland får en ny, kvinnodominerad regering.

– Ingen bra idé med så många kvinnor i regeringen. De menstruerar varje månad och kan inte tänka på grund av alla hormoner.

– Har de något mellan öronen också?

– Finansministern är sexigast!

Kommentarerna ovan är inte anonyma repliker på något incel-forum. Jag läser dem på Aljona Popovas sida. Det är hennes Facebook-vänners reaktioner på en bild hon lade ut av Finlands nya regering.

Jag har svårt att tro att till exempel en känd svensk eller finländsk feminist skulle ha Facebook-vänner som öppet uttrycker chauvinism på sin sida. Men i Ryssland är chauvinism mainstream. Att sålla bort alla som uttrycker den sortens åsikter på Facebook skulle troligen innebära en alltför omfattande utrensning.

Flera av dem som kommenterar betraktar uppenbarligen sig själva som mycket humoristiska och slagfärdiga. När de får mothugg blir de indignerade. Mannen som bekymrar sig över kvinnlig menstruation uppmanas att istället fundera på sin egen testosteronhalt. Då klagar han på att han får så »aggressiva svar«.

Sexismens logik går ut på att förminska och förlöjliga, och samtidigt få skratten på sin sida. När man själv utsätts för samma behandling reagerar man ändå inte med humor, utan med att bli sårad och häpen. Att betrakta allt detta är som att gå en skola i den sexistiska logiken. Strukturerna blottläggs med kristallklar tydlighet.

Ryssland skrattar ofta åt västvärlden för att man vill vara så politiskt korrekt. Den ryska debatten har fått mig att förstå vad den grundläggande tanken med politisk korrekthet är. Den är att skydda de svagare, på vars villkor debatten nästan aldrig förs. Om rätten att ge efter för de lägsta av impulser ska betraktas som definitionen för fri debatt är resultatet alltid detsamma: De svagare grupperna görs till åtlöje.

När jag började bekanta mig med rysk ståupp-komik blev jag besviken. Den sparkar alltid nedåt – mot kvinnor, muslimer, bögar. Aldrig uppåt, trots att det skulle finnas rikligt med material i en regim som Vladimir Putins. Men det är bara följdriktigt. Ståupp-komik visas på de stora kommersiella kanalerna, som går i Kremls ledband. Den kan inte bli någon arena för regimkritik, alltså utnyttjar den tacksamt de färdiga strukturerna för att göra narr av underordnade grupper.

I Ryssland ser man det som ett bevis på frihet att dra blondinskämt eller publicera karikatyrer på svarta. Det är en frihet som även passar Kreml, eftersom den inte hotar regimen.

Men mycket håller på att förändras. När radiostationen Echo Moskvys chefredaktör Aleksej Venediktov år 2020 anklagas för sexuella trakasserier är det en vattendelare. Inom den ryska liberala eliten anklagar man inte varandra för den här sortens brott, och Venediktov är en av Rysslands mest kända och respekterade oberoende journalister. Att han tycker om att omge sig med unga kvinnor har varit känt sedan länge, det har accepterats som en självklarhet. Venediktov är ju en upphöjd man.

Men nu går pr-konsulten Anna Veduta öppet ut med att Venediktov har försökt tafsa på henne. Det leder visserligen inte till något ramaskri bland den liberala ryska eliten. Tvärtom är det få som offentligt ställer upp på Vedutas sida. Venediktov sitter kvar på sin post som chefredaktör.

Men det skrivs artiklar, det görs uppföljningar, Venediktov är tvungen att svara på frågor om det skedda. Något har hänt, något som inte hade skett för tio år sedan då Veduta antagligen aldrig ens hade gått ut med sitt vittnesmål. Sedan dess har västvärlden skakats av metoo. Även om många i Ryssland, inklusive kvinnor, är stolta över sina välbevarade könshierarkier så har floden av kvinnomotstånd som väller fram över världen lämnat spår.

Det finns en ny generation ryska kvinnor som tagit sig fram på kompetens och skicklighet och som inte underordnar sig de gamla hierarkierna. Som just Anna Veduta, före detta pressekreterare till oppositionspolitikern Aleksej Navalnyj och pr-konsult. Eller oppositionsledaren Ljubov Sobol som fyller Moskvas gator med demonstranter då hon inte tillåts ställa upp i kommunalvalet. Eller Ksenija Sobtjak, journalist, politiker och debattör. Eller Jekaterina Schulmann, en av Rysslands mest citerade statsvetare och analytiker. Gemensamt för dem alla är att de har profilerat sig i sin egen kraft. De tar sig fram i en värld där allt fungerar på männens villkor, men spelar trots detta på sina egna.

Enskilda framgångsrika kvinnor kan inte ändra på ett samhälle. Men Ryssland är fullt av den här sortens kvinnor, av vilka majoriteten är helt okända. Det är kvinnor som förvärvsarbetar och försörjer sina barn, kvinnor som upprätthåller döende byasamhällen, kvinnliga läkare och sjuksköterskor som säger sanningen om coronasituationen, kvinnor som skapar obekväm konst (det mest kända exemplet internationellt är Pussy Riot). De lever i ett samhälle där förväntningarna på kvinnor, på deras beteende och utseenden, knappt ger dem något rörelseutrymme alls. Ändå hittar de det.

»Vad gör dig till drottning? Det är mängden skit du kan äta med ett leende. I situationer där en normal människa skulle hänga sig ler du och tuggar i dig. Du ler och tuggar i dig.«

Det skriver Ksenija Sobtjak på Instagram i oktober 2017. Tre månader senare sitter jag i hennes sminkloge på en stoppad stol i något slags fuskbarockstil och frågar henne vad det här ska betyda i praktiken. Sobtjak har hittills svarat på alla frågor exakt, professionellt och businessaktigt, inte otrevligt men utan skymten av ett leende. Men när jag frågar om den här Instagram-uppdateringen skrattar hon till för första gången.

– Hela livet har jag fått äta skit. Det är normalt. Ni förstår väl att man måste hata en kvinna som är född med silversked i munnen, som har allt hon kan önska sig – och plötsligt säger nej tack? Vi har en stark patriarkal kultur i Ryssland, det är sorgligt. Men vi har också en tradition av starka kvinnor som jobbar, kämpar och försörjer hela familjen medan mannen super.

Den kvinnliga emancipationen i Ryssland kommer inte att välla in som någon flodvåg. Den sker stegvis och omärkligt. Inte för att alla kvinnor vill ha den, utan för att samhället inte lämnar dem något val. Ömtåliga blommor är något de bara kan vara i sin fantasi.

12. LITTERATURENS KRAFT

– VAD SKA JAG SÄGA? Kom an, *Bandarlog*. Jag har älskat Kipling sedan jag var barn, säger Vladimir Putin i direktsänd tv.

Det är den 15 december 2011. Fyra dagar tidigare har den första stora demonstrationen mot Kremls valfusk någonsin ägt rum i Moskva. Putin kontrar protesterna med att citera Rudyard Kipling, han gör sig själv till Djungelbokens Mowgli och kritikerna till den skränande apflocken Bandarlog. Ett typiskt exempel på hur litteraturens klassiker används i rysk politisk debatt.

Ryssland är ett land som tar litteraturen på allvar. Till sommarloven ges alla skolbarn långa listor på klassiker de måste läsa: Lermontov, Schiller, Tjechov, Turgenjev, Goethe. Att tolvåringar ska kunna läsa böcker på den nivån tas för givet. En rysk väninna till mig säger att enda sättet att ta sig igenom *Krig och fred* som skolelev var att hoppa över antingen kriget eller kärlekshistorierna.

Det är ingen slump att flera höga tjänstemän och ministrar i Ryssland skriver på fritiden. Utrikesministeriets taleskvinna Maria Zacharova skriver sångtexter, utrikesminister Sergej Lavrov ger ut poesiböcker. Före detta ekonomiminister Aleksej Uljukajev, dömd till åtta år i straffkoloni på grund av korruption, skriver dikter i fängelset som publiceras i rysk press. Detta beror inte på att ryska tjänstemän råkar vara ovanligt litterärt begåvade (deras alster finner sällan nåd hos ryska litteraturkritiker), utan på att skrivandet, gestaltande, dikten och sången är en så stark del av den ryska kulturen.

Precis som vi läser ryssar visserligen mycket mindre idag än förr. Men eftersom de stora författarna fortfarande är en obligatorisk del av läroplanen finns det en väsentlig skillnad i jämförelse med väst när det gäller klassiker: i Ryssland vet folk oftare vad det står i dem.

Dessutom betraktar de litteraturen som sann i bokstavlig mening. Det som sker i litteraturen hålls för relevant inte bara i relation till annan litteratur, utan också till verkligheten. Därför är ryska debatter och samtal ofta fulla av litterära referenser, på ett sätt som kan överraska en nordbo eftersom det hör till undantagen att våra beslutsfattare eller tjänstemän citerar Kipling.

Våra förväntningar på litteraturen är också annorlunda. Jag får till exempel ofta e-post av läsare som undrar vilka ryska författare man ska läsa för att förstå det nutida ryska samhället. Ryssar däremot betraktar inte författare som uttolkare av sin samtid, utan av människan. De vänder sig inte till litteraturen för att känna samhället på pulsen, utan för att få svar på hur de ska leva.

– Vi förstår livet genom litteraturen. Livserfarenhet är något man i första hand skaffar sig genom att läsa böcker och bara i andra hand genom egna erfarenheter, säger Maria Zacharova när jag intervjuar henne i maj 2018.

Det är inte bara finlitteraturen som engagerar ryska läsare.

Under sovjettiden tillhörde Arthur Conan Doyle de tillåtna författarna, och ofattbart många ryssar har läst och älskat böckerna om Sherlock Holmes. Även James Bond är känd och uppskattad. När Maria Zacharova försvarar sitt land mot anklagelser om att ryska agenter försökte giftmörda en rysk dubbelagent i engelska Salisbury är ett av hennes argument Ian Flemings romaner om agent 007.

– Agent 007:s uppdrag är inte att rädda världen. Det är att skydda det brittiska imperiets intressen, säger Zacharova triumferande.

För henne är en fiktiv romanfigur lika relevant som den konkreta verkligheten. James Bond bevisar att britterna inte bryr sig om mänskliga rättigheter, de är främst intresserade av sina egna intressen. Zacharova säger det inte, men Kreml resonerar på samma sätt.

Av detta drar hon slutsatsen: De är inte annorlunda än vi. Det kan man ju läsa i deras böcker.

En stor del av den klassiska ryska litteraturen bygger på att författaren skildrar människokaraktärer som går att känna igen. Det som förenar Tolstoj, Dostojevskij, Tjechov och Gogol är att deras romaner och noveller bärs upp av protagonister som handlar med utgångspunkt inte i omständigheterna, utan i vilka de är. I Ryssland har man en stark känsla för människotyper, det är genom dem man förstår sin omgivning. Kanske det är en av orsakerna till att jag som utlänning och kvinna på något plan är evigt fast i min roll.

När nordbor flyttar utomlands föreställer de sig gärna att de efter några år i det nya landet har smultit in och blivit en del av samhället. Jag känner också ryssar som efter några år i USA kallar sig amerikaner. Själv skulle jag efter över tio år i Ryssland aldrig kalla mig ryska, vilket inte enbart beror på att jag själv inte ser mig som rysk utan också på att jag för länge sedan förstått att jag inte kommer undan min roll. Jag har tilldelats den, jag är finskan/svenskan/utlänningen på samma sätt som den finska skådespelaren Ville Haapasalo i Ryssland alltid kommer att vara finnen, trots att han talar perfekt ryska, är rysk filmstjärna och lever större delen av sitt liv i Ryssland. (Min faktiska identitet som finlandssvensk går inte att förklara i Ryssland, eftersom nationaliteten för ryssar ovillkorligen är kopplad till språket.)

Att på något plan alltid förbli en främling är visserligen fallet för de flesta som flyttar till andra länder. Det som ändå verkar skilja Ryssland från andra länder är att ryssar från barnsben via litteraturen är tränade i att läsa karaktärer och i att betrakta dem som givna, något som påverkar det mänskliga umgänget på olika sätt. Å ena sidan gör det ibland folk blinda och döva för vad man säger (eftersom de tror sig veta det på förhand), å andra sidan gör det umgänget mycket mer tillåtande. Man får ta ut svängarna, det är tillåtet att vara sin karaktär.

Den ryska litteraturen har gett upphov till en mängd begrepp. *Oblomovsjtjina* betyder att leva i apati och sysslolöshet, från huvudpersonen Ilja Oblomov i Ivan Gontjarovs roman om en letargisk adelsman som inte ens kan förmå sig att stiga upp ur sängen. *Karamazovsjtjina* betyder en extrem moralisk ansvarslöshet och gränslöshet, förkroppsligad av den motbjudande fadern i Dostojevskijs *Bröderna Karamazov*. En *turgenjevskaja devusjka* (Turgenjev-fröken) är en känslig, anspråkslös, sann och ren ung kvinna som aldrig har kommit i kontakt med världens tarvligheter. Besläktad med Turgenjevs fröknar är Tolstojs Natasja Rostova i *Krig och fred*, denna oskyldiga, naiva, vackra och lättpåverkade adelsfröken som blir lycklig först då hon gifter sig med den visserligen inte så stiliga, men trygga och hederliga Pierre Bezuchov. Dessa ideal påverkar starkt den ryska kvinnosynen än idag. Kvinnor betraktas som å ena sidan irrationella och känslostyrda, å andra sidan moraliskt högre stående varelser än män, vilket i sin tur innebär att de är underställda mycket högre moraliska och etiska krav än männen.

Vid sidan om *turgenjevskaja devusjka* har den ryska litteraturen modellerat fram *nekrasovskaja zjensjtjina*, den nekrasovska kvinnan. Hon beskrivs i dikten »Moroz, krasnyj nos« av Nikolaj Nekrasov. Också hon är moraliskt högtstående, men inte lika eterisk som en Turgenjev-fröken utan handlingskraftig, viljestark och kapabel, samtidigt som hon går genom världen majestätisk som en tsaritsa.

Flera av dessa element förkroppsligas i Lev Tolstojs *Anna Karenina*. Huvudpersonen är vacker, sann, modig och intelligent, men går under därför att hon vägrar underkasta sig konventionerna och tror att hon som kvinna kan agera som en man.

Det ryska kvinnoidealet, i praktiken omöjligt att leva upp till, går helt enkelt inte att förstå utan litteraturen.

Det måste man veta för att förstå de rasande reaktionerna när en av den moderna ryska litteraturens största bästsäljare, *Zulejcha öppnar ögonen*, filmatiseras. Boken, som kom ut 2015, är den rysk-tatariska författaren Guzel Jachinas debut. Romanen skildrar Zulejcha, en tatarkvinna på 1930-talet som hunsas svårt av sin man och svärmor. Som ett led i tvångskollektiviseringen sänds hon till arbetsläger i Gulag och tvingas genomlida fruktansvärda umbäranden. Så småningom lär hon sig ett yrke, blir självständig och hittar sitt livs kärlek. Det är en emancipationsprocess.

Själva boken hyllas av kritikerna och säljs i stora upplagor, men när den filmatiseras 2020 och ses av en bredare publik uppstår en rasande debatt. Jachina anklagas för att ge en negativ bild av sovjetmakten och för att förolämpa både det ryska och tatariska folket. Men jag undrar om det inte också handlar om att hon skildrar en kvinna som inte går att känna igen. Zulejcha går från att vara förtryckt hustru till självständig kvinna, rentav jägare med vapen i hand – men hon straffas inte för att ha brutit mot den rådande ordningen. Istället blommar hon upp. Hon blir lycklig, en hel människa. Som kvinnoöde betraktat är det nytt i den ryska litteraturen.

En författare vars huvudpersoner aldrig är lyckliga, oavsett kön, är Dostojevskij. Hans huvudpersoner är ofta irrationella, oresonliga, gränslösa och dömda till sin egen undergång. De skjuter sig i foten, håller långa monologer, arbetar upp sig till svettiga tillstånd av raseri och ursinne och dör olyckliga. Deras sätt att släppa fram ordflöden utan slut är ett ryskt sätt att kommunicera som jag ofta stöter på, både vid middagsbord och i sociala medier. Vilket debattinlägg, tal eller replik som helst kan blomma ut i yviga resonemang och vildsint argumenterande som i mina ögon inte har något med saken att göra, men som är en del av det ryska sättet att umgås. De långa inläggen kan ibland kännas nästan som en mässa och betraktas med stor tolerans. Dostojevskij har gjort dem till ett sätt att vara.

När man reser ut till den ryska provinsen för att tala med folk som utstått orättvisor av olika slag hamnar man nästan alltid i samma situation: Man står i en folksamling och lyssnar medan person efter person tar till orda och med stor patos håller oändliga, ordrika monologer som ibland liknar predikningar, ibland besvärjelser.

Jag glömmer aldrig när DN:s fotograf Lotta Härdelin och jag anlände till en liten by vid namn Kalnibolotskaja i södra Ryssland för ett reportage om jordbrukarnas situation. Hela byn hade samlats för att svara på våra frågor, uppklädda i färggranna klänningar och kostymbyxor, nystrukna hucklen och keps. En efter en steg de fram och höll långa tal om sin situation, om byns historia, om äppelträdgårdarna som hade vuxit här under sovjettiden. Att göra några normala intervjuer var omöjligt. Jag visste att de måste få tala just i den här formen, de måste få gråta och skrika, mässa och älta, gestalta sina livssorger och besvikelser i oändliga floder av ord. Situationen liknade ett slags gudstjänst. Det gick inte att ställa några följdfrågor eller be om förtydligande. Ur monologerna fick jag plocka ut citat som gick att använda i artikeln.

Att ryssar är så inriktade på drama, människokaraktärer och skådespel gör att man gärna betraktar politiken på samma sätt. Det utnyttjas till fullo av Putin, som med den rysk-brittiska journalisten Peter Pomerantsevs ord älskar att spela rollen av gangster. Den ryska utrikespolitiken har blivit ett skådespel där Putin ständigt överraskar, han är en skurk som lurar i kulisserna, dyker upp på scenen när man minst anar det och systematiskt utnyttjar de andras svagheter. Putin agerar helt enkelt i enlighet med sin karaktär.

Ryska läsare älskar andra sorters personligheter än vi. Det

märker man tydligt när man till exempel diskuterar en av få nordiska författare som är brett läst och älskad i Ryssland, nämligen Astrid Lindgren. Storsäljaren är inte Pippi Långstrump utan Karlsson på taket. Ryssarna älskar denna charmanta skitstövel som förstör Lillebrors leksaker, beter sig som ett själviskt barn och kräver ständig uppmärksamhet. När jag frågar ryska vänner varför de gillar Karlsson så mycket säger de att han bryter mot reglerna, att han var en frisk fläkt i sovjetvardagens gråhet. Men det förklarar inte varför man i så fall inte älskar Pippi, som också gör uppror mot konventionerna.

Skillnaden är att Karlsson, i motsats till Pippi, är en lymmel. Pippi kan bete sig illa men är i grunden snäll, med ett hjärta av guld. Karlssons hjärta klappar bara för honom själv, han är oborstad och klumpig, en tjock och underhållande mansperson som alla känner igen och som väcker sympatier och medlidande.

Den som är snäll i Ryssland ses ofta som en dummerjöns. Charmiga banditer som vet hur man tar för sig är däremot uppskattade. Dessutom är lymlar och skurkar intressantare personer än rättskaffens tråkmånsar. I Ryssland är det inte viktigt med ett lyckligt slut, att det rätta segrar tror man ändå inte på. Däremot älskar man personer som lurar systemet och drar auktoriteter vid näsan.

Från Nikolaj Gogol till Vladimir Sorokin har ryska författare borrat i samhället, gestaltat människans ynklighet och storhet. Är litteraturens starka ställning i Ryssland ett resultat av landets långa historia av diktatur? Av att man i litteraturen fann frihet att uttrycka och gestalta det som inte fick sägas öppet?

Det går inte att svara ett villkorlöst ja. Frågan är för komplex. Men säkert är att livet i en diktatur har gett de ryska författarna oändligt med stoff, att de har utvecklat en förmåga att mycket exakt fånga människans existensvillkor, trots att de under större delen av historien tvingats skriva på gränsen till det förbjudna. Sovjetregimen korrumperade det ryska språket och tvingade människor att leva i en ständig ström av förljugenhet. Det ledde också till att uppskattningen för dem som kunde beskriva det som på ryska kallas *dejstvitelnost* – verkligheten – var enorm. Att trubadurer som Vladimir Vysotskij och Bulat Okudzjava blev så älskade trots att ingen av dem var stora musiker beror på att de kunde sätta ord på verkligheten så att människor omedelbart kunde känna igen sig.

Att vara författare i Ryssland har sällan varit inkomstbringande, ofta farligt. Många dog i svält i Gulag och kastades ner i omärkta massgravar. Många sändes i exil. Vissa levde i ett slags terrorbalans, till exempel Pusjkin som fick finna sig i att tsar Nikolaj I personligen censurerade hans verk. I dag sänds obekväma författare inte längre till Sibirien, däremot hängs deras porträtt upp på en av Moskvas huvudgator Nya Arbat i Moskva som ett exempel på landsförrädare.

Det väsentliga har ändå inte förändrats: Författare i Ryssland förblir relevanta. Sammetsdiktaturen plågar, censurerar och hänger ut dem. Den tar dem med andra ord på största allvar.

SANNING OCH MOTSTÅND

13. DU SKULLE OCKSÅ GÖRA MOTSTÅND

SJIES ÄR EN flod i nordvästra Ryssland. Den har gett sitt namn till en järnvägsstation mitt i våtmarker och skog. Till närmaste stora stad, Syktyvkar, är det ett hundratal kilometer fågelvägen.

Medan vi kör sträckan Syktyvkar–Sjies med fyrhjulsdriven jeep berättar chauffören att en kvinna i området nyligen har dödats av vargar. Jag frågar om han verkligen är säker på sin sak, eller om det bara är en skröna. Han är säker. Jag undrar om det inte har lett till att folk kräver att vargstammen ska minskas. Han förstår inte frågan. Att det finns vargar i skogen är något man får leva med, det här är inte Moskva.

De här enorma, glest befolkade trakterna i nordvästra Ryssland kallas *russkij sever*, den ryska nord. Traditionellt avser man då den europeiska delen av norra Ryssland, inte Sibirien. Till ryska nord hör exempelvis Murmansk, Archangelsk, Kotlas, Syktyvkar. Och Sjies. En okänd järnvägsstation mitt i ingenstans. Den hade förblivit okänd om det inte hade varit för Moskvatjänstemännens idé att börja dumpa sopor här.

De hade inte räknat med människorna som bor i norr.

Rika är de inte, men resursstarka på ett annat plan. Och, som en journalist uttrycker det i Novaja Gazeta: de älskar sina hem.

Allt detta kom som en överraskning för makthavarna i Moskva. De har aldrig intresserat sig för sina egna provinser.

Kreml anklagar regelbundet väst för russofobi. Samtidigt har jag gång på gång slagits av den häpnadsväckande nedlåtande inställning den ryska eliten gång på gång visar gentemot befolkningen utanför Moskva. Det ligger något djupt avslöjande i att man vill lösa sitt eget avfallsproblem genom att dumpa det på andras svampställen. En sådan idé är bara möjlig om man uppfattar sina landsmän i provinsen som en passiv, outbildad skock, vana vid att behandlas som en slagpåse.

Vad skulle hända om beslutsfattarna i stockholmarna transporterade 2,5 miljoner ton osorterade sopor till Kiruna? Om Helsingfors beslöt att dumpa sitt avfall i Ivalo?

Kärret i Sjies skulle ha börjat fyllas med sopor år 2018. Men det blev stopp. Invånarna i Syktyvkar, Archangelsk, Urduma, Ajkino ställde sig i vägen.

Det sägs ofta att alla förändringar i Ryssland börjar i Moskva. Jag är inte så säker på det. Det är visserligen sant att ingen politisk förändring i Ryssland är permanent förrän den har skett i Moskva. Oppositionsrörelsen mot Putin har Moskva som centrum. Här sker alla de stora demonstrationerna mot regimen.

Men under de senaste tio åren har det hänt något i de ryska regionerna. Och det är, i grund och botten, ett större problem för Putin än demonstrationerna i Moskva.

Att den så kallade kreativa klassen i huvudstaden – högutbildade, beresta, urbana personer – inte röstar på Putin är ett pris han är beredd att betala. De här personerna är inte hans väljare, och de är framför allt inte i majoritet. Putinregimen vilar inte på lojalitet och engagemang, den vilar på passivitet och skepsis mot förändring. Den skepsisen finns ute i provinserna, och historiskt sett är den inte omotiverad. Ryssar utanför Moskva och Sankt Petersburg vet att politiska förändringar mycket sällan är till deras fördel. Ryssland är en centraliserad stat och beslutsfattarna bryr sig aldrig om hur förändringar slår ute i periferin. Där har man bara att, som det ryska verbet lyder, *terpet*. Stå ut.

En majoritet av dessa invånare röstar trots detta på Putin. Inte för att de älskar honom, inte för att de tycker att allt är bra. Utan för att de inte vill att det ska bli ännu sämre.

Men under de senaste tio åren har allt fler protester uppstått långt utanför Moskva. I Archangelsk och Syktyvkar går invånarna ut och stoppar avstjälpningsplatsen i Sjies med sina egna kroppar. De slår upp ett tältläger på platsen och får massivt stöd av lokalbefolkningen. Genom sociala medier samlar man ihop tusentals aktivister som ständigt håller lägret bemannat genom att lösa av varandra. Medan jag skriver den här boken har bygget tillfälligt stoppats. Tingsrätten i Archangelsk har konstaterat att företaget Technopark, som bygger avstjälpningsplatsen, har slagit upp baracker och grävt en brunn olagligt. Det är en seger för aktivisterna, men bara en delseger. Hur det slutligen ska gå är fortfarande oklart.

I Jekaterinburg protesterar invånarna i maj 2019 mot att en kyrka ska byggas på ett av stadskärnans få grönområden. De drabbar samman i flera nätter med privata vaktbolag och religiösa aktivister, medan polisen står passiv. Det hela slutar med att aktivisterna vinner – det blir ingen kyrka.

Pensionsreformen 2018 leder till en mängd manifestationer i och utanför Moskva. Reformen dras inte tillbaka, men Putin tvingas försvara den – med andra ord, ta öppet ansvar för den – i ett specialsänt tv-tal. Fram tills dess har han låtit premiärminister Dmitrij Medvedev bära hundhuvudet.

När Moskvapolitikerna samma år börjar köra ut sopor i regionerna spärrar tusentals människor i Volokolamsk och Kolomna vägarna. I mars 2018 åker jag till Volokolamsk, vars lokala avfallsplats har läckt ut stora mängder svavelväte efter att Moskva började dumpa sina sopor där. Staden, grundad på 1100-talet, är en av Rysslands äldsta och ligger drygt 100 kilometer väster om Moskva. Hit har många Moskvabor flyttat för att deras barn ska få växa upp i frisk luft.

Nu får de istället leva i en stickande lukt av ruttna ägg. En hälsning från deras forna hemstad.

Vid sjukhusets port träffar jag Maja Azenko, som precis har fått sina sexåriga tvillingdöttrar utskrivna.

– De ansvariga borde korsfästas! säger Azenko, med rösten darrande av raseri.

Hennes barn har fått utslag i ansiktet. Läkaren säger att det beror på vanlig allergi, något som Maja Azenko avfärdar som en lögn. Hon är övertygad om att det är svavelvätet som är boven, och att läkarna har fått order att ge falska diagnoser.

Kommundirektören i Volokolamsk avgår. Under tiden bevakar invånarna portarna till avstjälpningsplatsen. Lastbilar från Moskva stoppas handgripligen. En av de lokala aktivisterna jag träffar är mycket noga med att påpeka att han inte har något emot Vladimir Putin.

– De flesta av oss stöder Putin. Men vi litar inte på tjänstemännen, säger han.

Uppfattningen att tsaren är god, men bojarerna (underhuggarna) dåliga är gammal tradition i Ryssland. Det är en inställning som biter sig själv i svansen – de korrupta tjänstemännen som har sålt ut avstjälpningsplatsen i Volokolamsk åt huvudstadsregionen fungerar till punkt och pricka enligt logiken i Putins system. Tjänstemännen har gått med på att ta emot Moskvasopor, trots att deras avstjälpningsplats inte har plats för dem, eftersom de själva får en dusör för besväret. Metoden kallas *otkat* och går i korthet ut på att ledande tjänstemän gör personlig vinst på alla betydande projekt. När ett företag vinner en upphandling betalar det en viss procent av summan under bordet till tjänstemännen.

Det leder i sin tur till att tjänstemännen har ett intresse av stora projekt, till exempel för att ta emot andras sopor. Därför kommer de om och om igen att genomföra affärer som i bästa fall är meningslösa, i värsta fall rent skadliga.

Korruption är Putinsystemets kärna. Men när aktivisten säger att han inte vill kritisera Putin handlar det inte nödvändigtvis om att han inte inser den saken. Det handlar om taktik. Om en protesträrelse ska ha möjlighet att lyckas gäller det att fokusera på en mycket konkret och avgränsad sakfråga. Utmärkande för Putins sammetsdiktatur är att den faktiskt ibland är beredd att backa – när det blir enklare. Men då måste resultatet kunna tolkas som folkets seger över byråkraterna, inte över Putin.

Det går ingen bilväg ända fram till Sjies. Vi följer floden Vytjegda längs dess norra strand, tills vi kommer till ett färjeläge där vi lämnar bilen på stranden och stiger på färjan. På andra sidan väntar en UAZ – en sovjettillverkad minibuss som i Ryssland går under smeknamnet *buchanka*, limpan, efter sin knubbiga form. Inne i bilen sitter man på plankor, som behändigt kan placeras ut på olika sätt beroende på antalet passagerare och mängden bagage. De flesta medpassagerare är aktivister från trakten, som under en längre tid har rest fram och tillbaka mellan Sjies och sina hem. De har vanliga jobb – sjuksköterskor, sjömän, lagerarbetare – men tar regelbundet ledigt utan lön för att kunna delta i kampen mot huvudstadens sopor.

Tidigare kunde man ta tåget direkt till Sjies. Nu har tågen dragits in för att hindra aktivisterna från att ta sig till lägret. Det hjälper inte. Folk strömmar till i alla fall och transporteras sista biten med hjälp av UAZ-bilen. Buchankan är hårdför och enkel, kräver inte mycket och tar sig fram överallt – en symbol för de egenskaper som har gjort Sjies-aktivisterna så framgångsrika.

Vi körs längs skumpiga skogsvägar fram till Sjies-lägrets första utpost. Därifrån går vi sedan en och en halv kilometer till fots genom skogen med lervälling upp till anklarna. Vi passerar ett järnvägsspår, klättrar upp för en jättelik grushög som egentligen skulle användas som utfyllning i avstjälpningsplatsen och blickar ut över ett enormt, kalhugget område. Här var det meningen att Moskvabornas sopor skulle dumpas. Femtio hektar skog har huggits ned utan tillstånd.

Lägret, som ligger på andra sidan grushögen, är oklanderligt välorganiserat. Det har mäss, kök, sopsortering, sovtält, avträden och bastu. Maten lagas över öppen eld. Strängt alkoholförbud råder – och följs till punkt och pricka.

I lägret träffar jag en av Sjiesrörelsens inofficiella ledare. Hon heter Anna Sjekalova, men kallas i folkmun Snövit eller Jeanne d'Arc. Sjekalova är en butiksägare från den lilla staden Urduma. Hon har blonderat hår, elegant målade ögonbryn och en orubblighet som är utmärkande för en viss sorts ryska kvinnor över femtio.

– Jag är född i skogen. Jag har vuxit upp i skogen, jag vet allt om den. Vad skulle du göra om någon ville förvandla det du älskar mest till en avstjälpningsplats? undrar Sjekalova och tittar på mig med höjda, elegant plockade och målade ögonbryn.

– Du skulle göra motstånd.

Sjekalova har ofta stått i främsta ledet när de privata vakterna vid upprepade tillfällen har försökt vräka aktivisterna. I maj 2019 satt hon av femton dagar i fängelse som straff, varefter hon omedelbart återvände till lägret. De privata vakterna som bevakar bygget av avstjälpningsplatsen är så rädda för henne att de kastar salt på henne. Enligt rysk folktro skyddar salt mot häxor.

– Stackarna tror att jag är en häxa, säger Anna Sjekalova.

Ryssland är fullt av människor som Anna Sjekalova. Enskilda medborgare som, när en hotfull situation plötsligt uppstår, visar prov på stort mod. Alla enfrågerörelser som pågår i landet är visserligen ofta platta och ledarlösa, men de bygger på den här sortens personer.

Alla reformer som Putinregimen inför är inte dåliga. Många är nödvändiga. Problemet är att tjänstemännen konsekvent genomför dem på det sätt som är enklast och framför allt mest lukrativt för dem själva.

Att introducera fungerande sopsortering är ett långsiktigt, arbetsdrygt projekt utan möjligheter till snabba vinster. Att köra ut soporna i regionerna, gräva en gigantisk grop och dumpa soporna i den är däremot ett säkert sätt att göra stålar. Avfallsföretaget som transporterar soporna får betalt, avstjälpningsplatsen som tar emot dem utan att sortera eller bearbeta får betalt, och guvernören får sin del under bordet. Allt ur den statliga kassan.

Det enda problemet är risken för att folk börjar protestera. Eftersom den lokala guvernören också har tjänat bra på affären är det hans uppgift att slå ner protesterna. Det kunde man göra förr. Nu när folk har börjat organisera sig på sociala medier är det inte lika enkelt.

När protesterna börjar i Sjies tappar guvernören i Archangelsk Igor Orlov koncepterna. Han ser inte omfattningen av motståndet och tror att detta är något som kan skötas enligt känt sovjetkoncept, genom att förolämpa och förödmjuka medborgarna. Orlov kallar aktivisterna *sjelupon*, något som ungefär motsvaras av »nollor«. Reaktionen är massiv. Orlov blir hudflängd på sociala medier. Den (under den här perioden fortfarande) oberoende tidningen Vedomosti konstaterar att dagens ryska tjänstemän inte förstår den nya verkligheten.

Orlovs reaktion belyser två saker: 1) Hur lite ryska beslutsfattare förstår av vad som sker i deras eget land och 2) Hur desperata de är när det gäller att hålla fast vid sina privilegier.

I april 2020 avgår Igor Orlov. Det är mycket ovanligt att guvernörer i Ryssland avgår på grund av medborgarnas protester.

Oftast sker det motsatta – tjänstemännen vinner. De kallar in polisen för att med våld skingra demonstranterna. De ser till att ledarna dras inför rätta, anklagade för fabricerade brott. Folk blir rädda. Protesterna dör ut.

När lastbilschaufförerna i Ryssland år 2015 demonstrerar i veckor och månader mot de nya vägtullarna får de stort stöd av befolkningen. Det slutar ändå med att de förlorar. Bönder i Stavropolområdet i södra Ryssland, som ser sin mark beslagtagen av gigantiska så kallade agro-holdings (ägda av Putineliten), har i åratal gjort försök att köra till Moskva med sina traktorer för att demonstrera. Varje gång har de stoppats av polisen.

Kampen i Sjies skiljer sig, eftersom demonstranterna är framgångsrika. Det står inte klart än hur det ska sluta, men demonstranterna har åstadkommit en hel serie delsegrar.

När 3000 personer demonstrerar i Archangelsk mot avstjälpningsplatsen i Sjies i april 2019 kallas polisen ut för att stoppa manifestationen. Poliserna vägrar skingra demonstranterna.

När Technopark behöver helikopterpiloter för att flyga in bränsle till sina generatorer (eftersom aktivisterna blockerar vägarna) lägger de ut uppdraget på traktens statliga helikopterföretag. Piloterna vägrar flyga till Sjies. Guvernören försöker tvinga dem, piloterna svarar att de i så fall säger upp sig. Resultatet är att Technopark tvingas använda ett privat helikopterbolag, som fakturerar över tvåtusen euro i timmen.

Det är en för Ryssland ovanlig, men inte unik uppvisning i lojalitet med medborgarna. Samma år, 2019, fängslas den grävande journalisten Ivan Golunov och anklagas för narkotikainnehav. Fallet är fabricerat. Att placera narkotika i fickorna på obekväma personer är ett etablerat sätt att tysta obekväma journalister.

Men den här gången lyckas det inte. Efter att både oberoende och statliga medier i Moskva fört en omfattande kampanj för Golunov lägger polisen ner fallet. Golunov släpps fri.

Många ryska bedömare anser att kampen i Sjies redan nu måste betraktas som en seger för aktivisterna. Dels lyckades man stoppa ett projekt som redan såg ut att vara ett faktum, dels tvingar man sin guvernör att avgå. Statsvetaren Jekaterina Schulmann kallar det »en fullständig succé«.

Ryska experter och intellektuella säger ibland till mig att jag måste förstå en sak:

– Ryssland är ingen riktig diktatur, konstaterar Jekaterina Schulmann när jag intervjuar henne om Moskvademonstrationerna mot Putin 2019.

– Våra makthavare är så slarviga. Det här är Ryssland! Inte Tyskland. Det är därför vi har överlevt, Anna-Lena, säger historieprofessorn Andrej Zubov.

Jag intervjuar honom i januari 2015, hemma i hans gemytliga trea i centrala Moskva som är fylld med krukväxter och böcker från golv till tak. Då har han nyligen avskedats från sin post som professor vid den ryska diplomatutbildningen MGIMO. Han fick sparken efter att han jämförde den ryska annekteringen av Krim med Hitlers Anschluss av Österrike 1938.

Men denna persona non grata sitter vid tiden för intervjun fortfarande kvar i den statliga Presidentkommissionen för minnet av offren för politiska förföljelser.

– Tjänstemännen har antagligen glömt bort att jag är där, konstaterar han och fnissar nästan.

Den ryska intelligentian skrattar ofta åt sina makthavare.

Och de ryska makthavarna vet det. De vet att de av sina intellektuella betraktas som vulgära uppkomlingar, och de har komplex för det. Det är en av anledningarna till att exempelvis före detta kulturminister Vladimir Medinskij blir så rasande över att den ryska filmregissören Andrej Zvjagintsevs filmer skördar lagrar från Cannes till Hollywood.

En rysk minister eller hög tjänsteman kan köpa sig villor i Italien och klockor värda flera miljoner dollar. Han kan köpa sig ett cypriotiskt pass. Men han kan aldrig köpa sig respekt och prestige i väst. Och det svider, eftersom de ryska referensramarna alltid har hämtats från Europa. Det är Europa man vill tillhöra, det är där man vill bli respekterad.

När Rysslands äldsta människorättsaktivist Ljudmila Aleksejeva fyllde 90 år 2017 gratulerade Putin henne personligen med ett fång blommor. Det var inte han som hedrade Aleksejeva med ett besök – det var Aleksejeva som nedlät sig att ta emot Putin. Samma Aleksejeva som åtta år tidigare hade gripits av polisen under en demonstration mot Putinregimen i Moskva.

Regimen kan trakassera oliktänkande, gripa demonstranter och utnyttja sitt våldsmonopol, men vet innerst inne att de är föraktade. Därför kommer de aldrig att tåla sina konstnärer och intellektuella. Vem vill ständigt bli påmind om sin moraliska underlägsenhet?

Det är ingen slump att Putineliten ofta talar om att de förstår hur »vanligt folk« tänker. RT:s chefredaktör Margarita Simonjan säger att hon inte umgås med Moskvaeliten och understryker ofta sin enkla uppväxt i Krasnodar. Putin tycker om att använda gatans språk på presskonferenser. Allt detta är i linje med den klassiska populismen, som säger sig tala för den vanliga människan.

Putins Ryssland är kanske ingen fullfjädrad diktatur, men på många plan är det ett fullfjädrat auktoritärt samhälle. Det finns inget fungerande partisystem, oppositionen trakasseras och tillåts inte ställa upp i val, och det fria ordet är ständigt hotat. Politiska mord är en realitet. Man kan få flera års fängelse för att ha deltagit i demonstrationer eller lagt ut en artikel på sociala medier. Undersökande journalister hotas, misshandlas och mördas. Listan är oändlig.

Och samtidigt pågår alltså dessa protester, folk går ut på gatan, folk debatterar, bråkar och bildar grupper på Facebook.

Mot sig har de en armé fantasilösa och räddhågsna byråkrater, som själva inte tror på vare sig principer eller ideal. De tror inte heller på projekten de håller på med. De känner ingen lojalitet med något annat än sina egna intressen, det vill säga att hålla sig kvar på sina poster, i klartext sina stålar. Om en signal kommer uppifrån att projektet ska avblåsas ger de sig därför omedelbart.

En stor del av dessa lokala aktivister vill inte kalla sig oppositionella. Många i Ryssland betraktar »oppositionen« som bara ytterligare en del av systemet. Man ser den inte som ett alternativ till dagens makthavare utan anser att alla politiker är likadana. Den som kommer till makten skor sig, och så är det med den saken.

Därför är aktivister ofta noga med att understryka att de inte är »politiska«.

– Ryska medborgare kan än så länge bara protestera. Men om man vill ha det på ett annat sätt måste man organisera sig politiskt. Man måste delta i val, man måste rösta. Aktivism är bra, men det är fortfarande bara aktivism, säger den ryska oppositionsledaren Grigorij Javlinskij.

Jag intervjuar honom i september 2019. Det är nu länge sedan Javlinskij var ryska oppositionens frontfigur – den positionen har för länge sedan övertagits av stjärnbloggaren Aleksej Navalnyj. Men jag har alltid känt respekt för Javlinskij, före detta ordförande för det liberala partiet Jabloko. Han är visserligen inte en person som förmådde ena den ryska oppositionen, tvärtom är han känd för att inte kunna samarbeta med andra. Men politiskt har han alltid varit konsekvent. Framför allt har han en gränslös energi när det gäller att utföra demokratins fotarbete. Javlinskij insisterar på att oppositionen måste delta i val, trots att de är riggade.

De flesta andra oppositionsledare tycker tvärtom och uppmanar ofta sina medlemmar att bojkotta val. I regionalvalet 2019 sker en brytning. Då uppmanar Navalnyj sina följare att »rösta smart« och rösta på vilket parti som helst utom Putinpartiet Enade Ryssand.

Resultatet är att Enade Ryssland förlorade sin majoritet i Moskvas stadsfullmäktige. En svidande förödmjukelse för Putinregimen, en sällsynt seger för Jabloko. Partiet får fyra mandat i Moskvas stadsfullmäktige, för första gången sedan 2005. Utöver detta har Moskvaborna protesterat hela sommaren mot att flera oppositionella politiker, till exempel Navalnyjs allierade Ljubov Sobol, inte får delta i valet.

Ändå säger Javlinskij att Ryssland fortfarande är ett apolitiskt samhälle.

– Folk förstår fortfarande inte vad politik är. Journalister kämpar för andra journalister, aktivister för andra aktivister. De förstår inte att man måste avskaffa själva systemet, och det går bara genom att grunda politiska partier och rösta på dem. Det är inget konstigt med att det är så här. Hela den sovjetiska maskinen jobbade på att folk inte ska förstå något om politik, och Putinregimen har fortsatt, säger Javlinskij.

Själv tror Javlinskij starkt på politiken. Det gör honom till en mycket ensam figur i Ryssland. De flesta ryska medborgare tror inte att politiken kan lösa något. Makthavarna gör allt för att bevara det korrupta system som har gjort dem stormrika. Ryssarna är apolitiska, och det är så Kreml vill ha det.

Naturligtvis kommer ett tältläger i ett kärr vid Sjies inte ensamt att ändra på den saken. Men något bevisar det: Att ryssar, precis som andra, vill ha ett fritt samhälle.

De vågar kräva saker av makthavarna.

De är i själva verket betydligt modigare än vi som lever i västliga demokratier. Vi riskerar inget genom att protestera. Men det gör man i Ryssland. Man kan bli av med jobbet, man kan få en fängelsedom, man kan förlora sin familj, sin hälsa.

Man kan förlora sitt liv.

Hur kan man undgå att imponeras över detta mod?

Hur kan man undgå att tänka att om de här människorna finns, om denna tapperhet finns – då måste det väl också finnas hopp för Ryssland?

På kvällen i Sjies samlas aktivisterna till te. De spelar gitarr och sjunger perestrojka-artisten Viktor Tsojs »Peremen«. En kvinna står och stickar medan hon sjunger med:

Peremen! Trebujut nasji serdsa
Peremen! Trebujut nasji glaza
V nasjem smeche i v nasjich slezach,
i v pulsatsii ven:
Peremen! My zjdjom peremen!

Förändring! Det kräver våra hjärtan.
Förändring! Det kräver våra ögon.
I vårt skratt och våra tårar, i blodets puls
Förändring! Vi väntar på förändring.
(*Förf. fria översättning*)

14. FÖRHÅLLANDET TILL SANNINGEN

VARJE ONSDAG DÅ min dotter och jag ska åka till stallet passerar vi ett förbommat fönster på Nevskij prospekt i Sankt Petersburg med texten »Affären stängd av tekniska skäl«. Man ser på skylten att den har hängt där en längre tid.

En dag fotograferar jag den lilla skylten och lägger ut den på Facebook. Vilka är egentligen de tekniska skäl, undrar jag, som får butiker att stänga, personal att försvinna, vilken verksamhet som helst i Ryssland att upphöra som genom ett trollslag?

Utländska vänner i Ryssland reagerar genast med att skratta. De lägger till fler exempel i genren, till exempel »Teknisk paus«. Det är en annan motsvarande skylt som ibland hängs upp i affärer när försäljaren har gått på lunch eller tagit en rökpaus.

Att vad som helst kan kamoufleras till »teknisk paus« eller motiveras av »tekniska skäl« tycker vi västeuropéer är komiskt. Vi reagerar instinktivt på ett budskap som saknar täckning i verkligheten och som bara används för att man ska slippa förklara.

Mina ryska vänner reagerar helt annorlunda. De betraktar det som normalt och förstår inte alls varför jag fäster uppmärksamhet vid de här sakerna.

En väninna påpekar att hon minsann också har varit med om att affärer i Helsingfors håller stängt. Jag svarar att det inte handlar om stängda affärer utan om själva uttrycket, att hålla stängt »av tekniska skäl«.

– Uttrycket »av tekniska skäl« betyder ju ingenting, säger jag.

– Varför behöver man veta varför en butik håller stängt? undrar hon.

Min motfråga är varför man över huvud taget måste sätta upp ett meddelande som inte betyder något. Jag vet förstås svaret. Det är för att det är mycket praktiskt med ord som ger en aura av legitimitet, utan att man för den skull behöver dela med sig någon som helst information.

Några veckor dessförinnan ska jag på en läkarundersökning. När jag kommer till kliniken placerar den unga kvinnan i receptionen en tättskriven A4-sida framför mig.

– Skriv under längst ner, säger hon.

Jag ögnar igenom papperet. »Jag har blivit upplyst om vad proceduren går ut på, och eventuella olägenheter som den kan medföra«, står det.

– Men jag har inte blivit upplyst om något alls, säger jag.

– Å, det här är bara en formalitet. Ni kan skriva under längst ner.

– Men jag har ju inte blivit upplyst.

– Det är bara en formalitet.

– Varför ska jag skriver under något som inte stämmer?

Till sist ger sig receptionisten och kallar in en sjuksköterska. Jag har en stark känsla av att hon betraktar mig som en rättshaverist.

Sjuksköterskan informerar mig sakligt och proffsigt om proceduren. Därefter skriver jag på. Jag kan inte begripa varför vi inte kunde ha gjort så här från början – först blir jag informerad, därefter skriver jag på.

– Varför skulle det ha behövts? undrar en väninna när jag tar upp saken med henne.

– Du menar att man inte behöver veta vad undersökningen går ut på?

– Det kan man ju ta reda på själv.

– Men de ville att jag skulle skriva under att de hade gett mig information. Det var ju inte sant.

– Alla andra skriver under direkt. Det är bara en formalitet.

Lite senare måste jag skaffa ett läkarintyg för min dotters simträning. Alla simhallar i Ryssland kräver dels ett friskintyg, dels att barnet har analyserats för springmask. Det blir två olika läkarbesök, och både barnet och jag suckar djupt. Det är inte första gången vi genomgår ett papperskrig för att hon ska kunna delta i simundervisning.

Jag har fullt upp på jobbet och ringer kliniken för att fråga om min dotter kan komma och avge analysen i sällskap med vår barnflicka.

– Visst, men då måste er barnflicka ha med sig en skriftlig fullmakt från er.

– Får man skriva den för hand eller måste den vara verifierad av notarius publicus? undrar jag med döden i hjärtat. Om de kräver verifiering av notarius publicus kommer det nämligen att ta halva arbetsdagen.

– Nejdå. Ni kan skriva den för hand.

Jag borde förstås vara tacksam över denna pragmatism. Samtidigt irriterar det mig ännu mer. Jag måste alltså cykla till metron för att ge barnflickan ett intyg som hon lika gärna kunde skriva själv. Det hela känns fullständigt poänglöst.

– Vad är meningen med ett sådant intyg? Vem som helst kan ju skriva ett sådant. Ni kan ju inte veta att det är jag som gjort det.

– Å, säger sjuksköterskan. Hennes röst är mycket vänlig och tröstande när hon fortsätter:

– Det är bara en formalitet. Ni behöver inte oroa er.

Jag uppfattar rutiner och formaliteter som något man infört med ett verkligt syfte. De ska garantera till exempel att jag som patient får den information jag behöver. Men för mina ryska vänner är formaliteter lika med innehållslöshet.

De är vana vid deklarationer som inte betyder något, avtal som aldrig är tänkta att hålla. De måste ju ständigt ta hänsyn till två verkligheter – den som deklareras på högre nivå och den de lever i. Därför reagerar de inte på att offentliga meddelanden ofta saknar innehåll. Detsamma gäller papper som måste skrivas under när man besöker en privat klinik. Man vet att företagen har sin byråkrati att ta hand om, en byråkrati som bara finns, den existerar utan mål och mening, i sin egen rätt, den går inte att resonera med. Man skriver under papperet, man går på sin undersökning.

Samma dubbla verkligheter gäller det ryska styrelseskicket. Formellt har man ett parlament och en president, som väljs i demokratiska val. I praktiken vet alla att valen inte är riktiga val och att parlamentet är presidentens gummistämpel.

Att ständigt vara omgiven av kulisser får till sist människan att tro att kulisserna är normala. Man slutar reagera på dem.

När Putin i januari 2020 meddelar att man ska införa ändringar i grundlagen förstår alla syftet: Putin ska kunna sitta kvar vid makten på livstid. I paketet ingår att Putins tidigare mandatperioder stryks så att han kan börja om från början. Det innebär att Putin kan låta sig väljas till president två sexårsmandat i följd och i praktiken sitta kvar till år 2036.

Kreml försöker dock kamouflera denna kupp genom att samtidigt införa en mängd mindre korrigeringar i grundlagen. Ingen av dessa korrigeringar har något med konstitutionen att göra. Man lägger bland annat till att pensionerna ska indexjusteras och att äktenskapet är ett förbund mellan man och kvinna. Man gör processen så vildvuxen och byråkratisk att ingen förhoppningsvis ska fatta vad det är frågan om. Allt handlar om det gamla vanliga: Att sprida dimridåer.

Man är väl medveten om att alla ändå förstår. Samtidigt lägger man ned oändligt mycket energi på kulisser som ska bevisa motsatsen. Det absurda är inte själva kulissbyggandet, utan att det pågår trots att ingen går på det. Det här är en av orsakerna till att många ryssar över huvud taget inte vill veta vad deras beslutsfattare håller på med – att tvingas leva i den här sortens förljugenhet gör människan galen.

Ett sätt att tackla detta är att intala sig själv att beslutsfattare i alla andra länder beter sig exakt likadant. Det är därför man så ofta hör ryssar säga:

– Alla ljuger.

Det är duman som ska rösta igenom ändringarna – Putinregimen vågar inte genomföra en bindande folkomröstning eftersom risken då är stor för att det hela går på tok. Bara att få upp valdeltagandet till över 50 procent kan visa sig vara en omöjlig uppgift. Inte för att Kreml är rädd för att fuska, det sker systematiskt. Utan för att man inte kan fuska för grovt. I en sammetsdiktatur är alla val regisserade, men de är aldrig till hundra procent kontrollerade. Och det är viktigt att alla auktoritära åtgärder genomförs på ett sätt som gör att man alltid kan peka på att allt har gått rätt till – formellt. Det var därför Kreml ordnade en folkomröstning på Krimhalvön efter att man annekterat området av Ukraina. Det spelar ingen roll att folkomröstningen inte var legitim (eftersom den ordnades på en annan stats territorium), eller att den inte föregicks av öppen debatt. Ytligt sett var den genomförd. Därefter har Kreml något att vifta med varje gång det internationella samfundet kritiserar Ryssland för annekteringen.

Putinregimen behöver folkets legitimitet också för att det ska bli svårare att riva upp ändringarna i efterhand. En rådgivande folkomröstning, som inte är avgörande och inte behöver komma upp till minst femtio procents valdeltagande, blir lösningen.

Att genomföra valet blir en pärs för regimen. Omröstningen måste skjutas upp flera gånger på grund av coronapandemin. Till sist hålls den mellan den 25 juni och 1 juli 2020, hårt kritiserad för de oklara röstningsprocedurerna och för att statsanställda pressas till att rösta. Resultatet justeras i vanlig ordning uppåt. Det officiella valresultatet – ja till grundlagsändringarna med drygt 78 procents majoritet – är exakt det väntade.

Putinregimen skulle ha fått som den ville ändå. Varför lägger man ned så stora ansträngningar för att få denna charad att framstå som ett val? Alla förstår ju vad det är frågan om. Varför låtsas man in absurdum att den så kallade folkomröstningen på Krim var legitim? Folkrätten tillåter helt enkelt inte att man ordnar folkomröstningar på andra länders territorium.

Kreml kalkylerar med att i det långa loppet kommer kritiken att sjunka undan. Tills dess behöver man ett slagträ att använda i självförsvar mot sina kritiker. Det spelar ingen roll att omvärlden inte tror på vad man säger. Man går på i ullstrumporna, eftersom man inte känner till något annat sätt.

När det gäller de ryska väljarna och de kamouflerade förändringarna i grundlagen räknar Kreml också med någonting annat. Man räknar med vad sociologen Lev Gudkov kallar tröghet – att så många föredrar att förbli passiva inför en lögn. Alla vet att det är en lögn, så varför reagera? Den som reagerar visar bara hur lite han förstår. Och de här lagändringarna är ju bara – en formalitet.

Alla vet att Putin kommer att sitta kvar vid makten i alla fall.

Varför bråka om en formalitet?

En lång historia av att ständigt vara omgivna av osanningar gör att ryssar aldrig tror på myndigheter eller makthavare. Däremot tror man på all information som kan betraktas som exklusiv. Om någon känner någon som jobbar på en nyckelposition – till exempel ett ministerium eller en ambassad – är man ofta övertygad om att all information från vederbörande är att betrakta som sanningar. Man ställer sig aldrig frågan huruvida uppgifterna är rimliga.

I juli 2020, mitt under coronasommaren, talar jag i telefon

med min väninna Olga i Sankt Petersburg. Olga vill veta vilket friskintyg som behövs för att kunna passera gränsen till Finland.

– Men det kan du inte göra än på ett bra tag, säger jag.

– På konsulatet säger de att gränserna öppnas den 15 augusti, säger Olga.

Jag hör på hennes röst hur belåten hon är över att veta denna hemlighet. Olga känner många finländare som jobbar på konsulatet. Hon tycker om känslan att sitta på insiderinformation.

– Men det är inte möjligt att Finland redan nu har bestämt att öppna gränserna ett så exakt datum. Smittonivån i Ryssland har ju inte gått ner, säger jag.

Jag frågar vad som egentligen har sagts henne och inser till sist att Olga har misstolkat informationen. Finlands beslut om coronarestriktionerna gäller till den 15 augusti, därefter ska det uppdateras. Informationen är fullständigt offentlig. Det är Olga som har uppfattat den som hemlig, eftersom hon har hört den av anställda på Finlands konsulat.

Olgas tolkning handlar förstås om den mänskliga faktorn. Hon vill väldigt gärna åka till Finland och det påverkar hennes bedömningar. Men det handlar också om att hon är helt övertygad om att hon sitter på information som ingen annan har. Bara de invigda. Och inom de invigdas krets »vet alla« att gränserna öppnas den 15 augusti. Då spelar det ingen roll att uppgiften är orimlig från början.

I Ryssland upplever jag ofta att när man tror sig ha kommit över exklusiv information ställer man sig aldrig frågan om dess rimlighet. Man dubbelkollar aldrig. När Sankt Petersburg drabbas av ett terrordåd 2017 missar min fotograf och jag flyget därför att han har hört av vänner att Pulkovo flygplats är stängd. Jag tar för givet att han har dubbelkollat uppgiften, och vi tar istället tåget. Det visar sig att flygplatsen har hållit öppet. För min fotograf är det normalt att lita på dem som bor i Petersburg, hellre än på officiell information.

Min väninna Natasja i Moskva säger att det här sättet att behandla information beror på ren överlevnadsinstinkt.

– Vi är vana vid att myndigheterna ger osann eller motsägelsefull information. Man vet aldrig vad som egentligen sker, det går aldrig att hitta någon logik eller rationalitet i besluten som våra myndigheter fattar. Människan kan inte leva i kaos. Därför beslutar man sig hellre för vem man ska tro på. Man bygger upp sin egen värld med sina egna källor.

På ett märkligt och lite kusligt sätt liknar detta den nya informationskulturen i väst, som har uppstått sedan de sociala medierna och den politiska populismen blev maktfaktorer. Det är – igen – inte Ryssland som har närmat sig väst. Det är vi som har närmat oss Ryssland. Vi har ingen historisk erfarenhet av att leva under en diktatur, tvärtom är vår historiska erfarenhet att vi kan lita på våra myndigheter och på våra demokratiskt valda beslutsfattare. Ändå närmar vi oss det postsovjetiska tankemönstret som går ut på att enbart sätta tillit till våra egna informationskällor. På det följer tendensen att demonisera sin motståndare, att se världen i svartvitt, att misstro alla som kan anses tillhöra etablissemanget.

I ett land vars makthavare i över sjuttio år dränkte sin befolkning i lögner har sanningssägarna en särskild position. En paradox som jag ofta upplever i Ryssland är att människor å ena sidan ofta låter lögner passera utan att bry sig om dem, å andra sidan har ett utvecklat sinne för vad som egentligen är sant. Det är därför dissidenter och författare har en särskild ställning i det ryska samhället.

Hela Aleksandr Solzjenitsyns livsverk – framför allt den magnifika romanen *Gulag-arkipelagen* – handlade egentligen bara om en sak: Att gestalta det som fanns. Att inte väja för det, inte titta bort. Att skriva ner det. Solzjenitsyn tvingades tillbringa en stor del av sitt liv i exil på grund av sitt sanningssökande. Många andra författare led ett betydligt värre öde. De sändes i läger eller arkebuserades.

Därför går det inte att säga att man i Ryssland inte bryr sig om sanningen. Tvärtom tvingas man ständigt förhålla sig till den. Alla ryska intellektuella ställs förr eller senare inför ett val: Att säga som det är eller att låta bli.

Den som anpassar sig kan man bli rikligt belönad. Den som håller fast vid sanningen kan få stora problem.

Ändå är det sanningssägarna – Vladimir Vysotskij, Aleksandr Solzjenitsyn, Anna Achmatova – som blir klassikerna. Det är inte medlöparna.

När Putin valdes till president år 2012 försökte jag intervjua ett antal supportrar som hade samlats på Manegetorget i Moskva. De hade bussats in från regionerna, eftersom det var viktigt att skapa bilden av en stor folksamling som hyllade Putin. Ingen av dem ville ställa upp på en intervju. Alla var mycket irriterade på mig och mina frågor.

I den stunden var jag häpen. Varför stå på ett torg och stöda Putin och samtidigt vägra tala om varför man gör det? Varför blev folk så irriterade över att jag ställde frågor? Var det inte en naturlig sak att journalister fanns på plats under ett presidentval?

Nu vet jag varför. För att de inte hade åkt till Moskva av egen fri vilja, för att de deltog i ett skådespel. För att de inte alls hade lust att ställa upp som clowner och säga det som förväntades av dem till utländska journalister. För att de trodde att jag visste hur det låg till och bara gjorde narr av dem.

För att de inte ville ljuga. De deltog ju bara i en formalitet.

15. SAKER MAN INTE TALAR OM

I RYSSLAND KAN man ställa frågor till folk som är omöjliga att ställa hos oss. Till exempel om man tror på Gud eller vad man har för lön. I synnerhet till en utlänning är den sistnämnda en normal fråga att ställa.

– Om det inte är en hemlighet – hur mycket tjänar ni?

Det går snabbt att komma folk inpå livet. Att diskutera personliga, existentiella frågor med en främling är normalt. Ämnen som religion och pengar, tabun i väst, är helt tillåtna.

Samtidigt kan människor dölja djupt väsentlig information för sina allra närmaste i åratal. Ryssland är ett oerhört öppet samhälle på vissa plan, och totalt slutet på andra. Saker man talar och inte talar om är inte desamma som hos oss.

Vår utgångspunkt är att man är skyldig att dela med sig av väsentlig information till sina nära anhöriga, framför allt i saker som berör dem. I Ryssland anser man det är mycket bättre att tiga i situationer då man tror att motparten mår bättre av att inte veta något. Det betraktas som ett sätt att värna om sina närstående.

En rysk kompis till mig har tillsammans med sin bror räknat ut att de har olika fäder. De har lagt ihop två och två och insett att det inte kan ligga till på något annat sätt. Men föräldrarna har aldrig sagt något. Och bröderna har, i samförstånd, beslutat att inte ta upp saken med dem. Varför röra upp föräldrarnas känslor? Om de själva inte vill tala om det är det bättre att låta bli.

Den här sortens familjehemligheter är mycket vanliga i det forna Sovjet. En fotograf jag jobbat med i Ukraina fick först som vuxen veta att hans pappa inte var hans biologiska far. I synnerhet när det gäller personer som föddes efter kriget kan fadersförhållandena ofta vara röriga. Det var vanligt att papporna försvann, antingen på fronten eller under efterkrigstidens trångboddhet, elände och fattigdom.

Samma sorts hemlighetsmakeri fortsatte långt efter att kriget var över. Ryssland har kraftigt dragit ner på adoptioner utomlands och infört generösare bidrag för adoptioner inom Ryssland. Idag har det därför blivit vanligare att ryska familjer adopterar barn. Denna i sig positiva utveckling har ändå inte avlägsnat stigmat kring att vara *detdomovets*, barnhemsbarn. Det är fortfarande något man kan bli retad för i skolan och föraktad för av vuxna.

Ofta berättar föräldrarna inte utåt att deras barn är adopterat. Ibland talar man heller inte om det för barnet själv.

– Klart att det är bättre att skydda barnet. Och vad spelar det för roll vilka som är de biologiska föräldrarna? säger min väninna i Moskva när jag för saken på tal.

– Men varför undanhålla information från barnet? undrar jag.

– Varför ska man gräva i saker som bara leder till smärta för alla inblandade?

– Varför fråntar man barnet rätten att veta vem hon är?

– Varför skapa en situation där ett av barnen kan börja känna sig mindre värd?

Vi kommer inte längre. Jag tar upp saken med en annan väninna, Natasja.

– Att man är adopterad kan ju komma fram i alla fall. Till exempel om barnet behöver läkarvård. Det är ju mycket värre att få veta att någon har undanhållit sanningen för en?

– Tror du att man någonsin tänker på konsekvenser hos oss? undrar Natasja.

Enligt henne är tendensen att inte säga något inte bara ett sätt att skydda barnet. Det är också föräldrarnas sätt att skydda sig själva.

– Föräldrarna vill att barnet ska vara deras och bara deras. Det finns en tendens att hellre tro på sina egna föreställningar än på verkligheten. Om man inte säger något till barnet, inte heller till omgivningen, så tror alla att det är ens biologiska barn. Då blir det också så.

Enligt Natasja är det en medveten strategi att aldrig tänka på vad följderna kan bli av att undanhålla information.

– Att formulera en olycka är ett sätt att framkalla den. Det viktiga är inte vad man gör, utan att man låter bli att provocera fram problem genom att tala om dem.

Att leva ett liv med dubbla bokföringar, där man ständigt döljer vissa omständigheter inte bara utåt, utan också inom sin egen familj, är vanligt i hela det forna Sovjet. En ukrainsk kompis till mig väcktes en morgon av sin bror i Mykolaiv.

– Godmorgon. Jag vill bara tala om att det är du som har skickat pengar för att köpa en telefon till pappa, meddelade han sin yrvakna bror.

Det var han själv som hade köpt telefonen. Men till sin fru ville han kunna säga att det var brodern. Frun gillar nämligen inte att han lägger pengar på några andra än henne själv och barnen.

Att det här fenomenet är vanligt betyder inte att det inte går att lita på någon i Ryssland. Det betyder bara att folk är vana vid att ständigt hålla olika versioner av sina liv i huvudet. För mig framstår detta ständiga hoppande från en värld till en annan, från en version av sanningen till en annan, som ansträngande och komplicerat. Är det inte enklare att bara säga som det är?

– Folk är vana vid att dölja en massa saker. De upplever det inte som komplicerat. De tänker inte ens på det, säger Natasja.

Det är visserligen ingen överraskning att det finns en tradition av att tiga. Ett folk som har ett historiskt minne av terror lär sig att tiga om vad som helst. Under Stalintiden kunde man sändas i Gulagläger för en oskyldig vits eller för att man hade ett utländskt efternamn. Natasja är med sina drygt fyrtio år tillräckligt gammal för att minnas de sovjetiska kodorden.

– När jag var barn sade man att »mormor och morfar reste iväg för att arbeta«. Man talade inte om att de hade suttit i arbetsläger. Ingen skulle någonsin ha sagt: Jag är jude. Inte ens efter att man slutade utesluta judar från vissa arbetsplatser. Varför skulle man säga något som riskerar att väcka monstret till liv? Kanske nya pogromer?

(I Ryssland förekom inga pogromer under sovjettiden, däremot fanns det ett inofficiellt kvotsystem som höll antalet judar på vissa prestigefyllda universitet och arbetsplatser nere.)

I början av 2019 reser jag till Irkutsk i Sibirien för att göra ett reportage om hur snabbt hiv sprider sig i Ryssland. Jag träffar Andrej, en bilmekaniker som har varit hiv-positiv sedan 1996. Han smittades medan han tog droger, nu är han drogfri, äger en egen verkstad och jobbar med att rehabilitera drogoffer. Viruset håller han i schack med hjälp av regelbunden medicinering. Andrej berättar öppet hela sin historia och ställer upp på bild, men vill inte att jag skriver ut hans efternamn. Hans dotter vet nämligen inte om att pappa har hiv.

Jag hajar till. Dottern är ju redan 19 år. Varför undanhålla henne denna information?

– Jag blir redan fördömd och diskriminerad av så många. Jag vill inte att mitt barn ska råka ut för samma sak, säger Andrej.

Enligt honom är alltså det mest effektiva sättet att skydda dottern mot andras fördomar att hålla henne i ovetskap.

Jurij Dud är en av Rysslands mest kända journalister. Han tar ofta upp ämnen man inte pratar om, och år 2019 gör han en dokumentärfilm om hiv. I filmen intervjuar Dud paret Rita Loginova och Sergej Uljanov i Novosibirsk. De är gifta och har ett barn tillsammans. På frågan hur Ritas föräldrar reagerade på att Sergej har hiv svarar hon: Jag är inte säker på om de vet om det.

– Sergej kanske talar med mina föräldrar om han tycker det är viktigt. Men det är också möjligt att de får reda på det via medierna.

För mig är det ett förbluffande svar. Man kan alltså tala om sin hiv-status i intervjuer som alla kan läsa, men inte sätta sig ner och tala om det för sina svärföräldrar.

– Helt logiskt, säger Natasja. Rita visste att det skulle bli ett fruktansvärt liv om hon sade det genast. Föräldrarna skulle försöka stoppa deras bröllop, det skulle bli en massa skandaler. Det är bättre att de får veta det senare, när de redan känner Sergej.

Bakom detta ligger en annan tendens som också är vanlig i Ryssland, nämligen att man låter saker och ting ha sin gång, i hoppet om att den oinvigda så småningom själv får reda på det man själv inte vill tala om. En homosexuell kompis till mig har aldrig talat om för sina föräldrar att han är gay, men hans pojkvän har varit med och hälsat på hans föräldrar flera gånger. Någonstans hoppas han att föräldrarna, eller åtminstone mamman, kanske vet och förstår, men låter saken bero. Att ta upp saken med föräldrarna, att sätta ord på den – det finns inte på kartan.

Folk i Ryssland har ofta mycket välutvecklade känselspröt för outtalade signaler. Man förstår ofta saker utan att det sägs rent ut. Och man förstår också varför de inte vill säga det. Man tar hänsyn till det. Det leder till situationer, till exempel inom en familj, där alla i praktiken känner till något visst sakförhållande, men man talar inte om det. Man vet egentligen inte med hundra procents säkerhet huruvida de övriga också vet, men man antar det.

Det är därför Rita säger: Jag vet inte om mina föräldrar vet. Hon utgår med andra ord ifrån att de eventuellt har räknat ut saken själva.

Att tala med en främling om sin sons alkoholproblem är normalt. Att tala om för sin gamla mamma att hon har cancer låter man däremot bli.

Varför oroa henne? Hon kan ju ändå inte göra något åt saken.

16. TSAREN SKA GÅ

– JA ZNJAU. JAG VET.

Så står det på en av de hemgjorda skyltar som hålls upp i folksamlingen på Bolotnajatorget i Moskva. Det är den 10 december 2011. Tiotusentals Moskvabor demonstrerar mot Putinregimen. På scenen står oppositionsledaren Boris Nemtsov och skriker så rösten nästan spricker:

– Goddag, fria och stolta Moskva!

Några hundra meter bort ligger en bro vid namn Bolsjoj Moskvoretskij som korsar Moskvafloden. Fyra år senare kommer Nemtsov att ligga blödande med fyra kulor i ryggen på denna bro. Skjuten till döds. Det vet vi inte nu. Nemtsov är fylld av kraft, han står på scenen och vrålar ut sin triumf över att äntligen, äntligen få gehör efter åratal av ensam tillvaro i en effektivt marginaliserad opposition.

Sloganen »Jag vet« avser fusket i det nyligen avklarade dumavalet. Folket vet att det fuskas. Det är ingen ny kunskap, det har man alltid vetat, men man har aldrig gått man ur huse för att protestera. Inte förrän nu.

Själv står jag i snögloppet och fryser som en hund. Jag vet att jag är med om något historiskt. Det är första gången under hela min karriär som Rysslandskorrespondent jag är med om att så många människor – kanske så många som hundratusen – protesterar.

Sedan jag kom till Moskva 2006 har jag pliktskyldigt bevakat de glest besökta demonstrationer mot Putin som spillrorna av den ryska oppositionen ordnar. På många av dessa manifestationer överstiger antalet journalister demonstranterna. De senare hinner knappt veckla ut sina plakat innan de grips av polisen och placeras i ambulerande häkten, det vill säga bussar med gallerfönster som på ryska kallas *avtozak*. Att de här bussarna dyker upp brukar vara det första tecknet på att en demonstration är på gång.

Men den 10 december 2011 är polisen tvärtom artig, tillmötesgående och förekommande. Och antalet demonstranter är så stort att hela den lilla ö i Moskvafloden där Bolotnaja plosjtjad eller Kärrtorget ligger är svart av folk.

I många år har det funnits en tyst överenskommelse mellan Putin och folket. Putin ser till att levnadsstandarden höjs. Folket ser mellan fingrarna med korruption och valfusk.

Här och nu läggs denna överenskommelse till handlingarna. Putinregimen går in i en ny era. Hittills har man aldrig blivit ifrågasatt på allvar. Från 2011 blir man det ständigt.

De viktigaste orsakerna till att demonstrationerna fortsätter är tre:

– Putinregimen förmår inte längre leverera ökad levnadsstandard. Tvärtom har levnadsstandarden hos vanliga ryssar sjunkit. År 2011 är det ännu inte lika tydligt, men från den ekonomiska krisen 2014 faller levnadsstandarden rejält.

– Korruptionen har nått en nivå som invånarna inte längre

är beredda att tolerera, framför allt då de själva fått det sämre.

– Den ryska oppositionen har blivit skicklig på att utnyttja de nya politiska verktygen, inklusive sociala medier.

Tio år efter den första stora demonstrationen har protesterna fortfarande inte gett resultat. Putinregimen sitter kvar, utåt sett starkare än någonsin. Den har drivit igenom grundlagsändringar för att ytterligare befästa sin ställning, Putin säkrar möjligheterna att sitta kvar på livstid. Hans underhuggare har visat stor kreativitet när det gäller att hitta på nya maktstrukturer som ska garantera hans ställning.

Demonstrationerna i Moskva avlöser varandra. Ibland är de inne i en vågdal och samlar på sin höjd några tusen personer. Ibland sluter tiotusentals upp. Ibland går de lugnt till, polisen håller sig på sin kant. Ibland blir det sammandrabbningar, massarresteringar, rättegångar, oproportionerligt långa fängelsedomar. Insatserna höjs. En av de kändaste arrangörerna bakom demonstrationerna, Boris Nemtsov, skjuts på öppen gata ett stenkast från Kreml den 3 mars 2015.

Men protesterna tar inte slut. De bara fortsätter.

Demonstrationsvågorna kan grovt taget delas in i två perioder, 2011–2013 och 2017–2018. Den första perioden börjar den 10 december 2011 med en gigantisk demonstration på Bolotnajatorget mot valfusket i dumavalet. Den fortsätter med oförminskad kraft fram till den 6 maj 2012 då polisen våldsamt skingrar en så kallad Miljonmarsch mot Putin, som ska sväras in som president följande dag. Myndigheterna griper över trettio personer och anklagar dem för att ha deltagit i massupplopp. Vad det handlar om är att få slut på demonstrationerna med hjälp av skrämseltaktik.

Protesterna fortsätter ändå, nu glesare. Den sista stora manifestationen i den första protestvågen hålls i januari 2013, efter att duman har godkänt en lag som förbjuder adoptioner av ryska barnhemsbarn till USA.

Några år lyser de stora demonstrationerna med sin frånvaro. Men den 26 mars 2017 är det dags igen. I över hundra ryska städer protesterar invånarna mot korruption. Den största manifestationen är som vanligt i Moskva, med upp till 30 000 deltagare.

Därefter fortsätter demonstrationerna. Alla som bor i Moskva vet att man då och då får räkna med att centrum är stängt för trafik. Det kan vara av olika skäl. Madonna håller konsert. Ryssland firar Segerdagen. Och nu kommer ytterligare ett vardagligt skäl: demonstration mot Putin.

Protesterna har blivit en del av det urbana livet i den ryska huvudstaden. Den här omständigheten innebär att Ryssland 2000–2011 och 2011–2020 inte är samma land.

Under de elva första åren av Putins styre fungerar det oskrivna avtalet mellan presidenten och folket. Ni får högre levnadsstandard och relativt stor frihet, jag får förfölja oppositionen, manipulera valresultaten och låta mina vänner kontrollera stora delar av ekonomin.

År 2011 har avtalet kommit till sin vägs ände. Ekonomin växer inte längre lika snabbt, samtidigt blir korruptionen mer och mer okontrollerad. I klartext: Folk får det sämre, och staten gör dessutom livet surt för dem.

Till sist går man ut på gatan.

På dessa demonstrationer träffar jag pensionärer och studenter, taxichaufförer och arkitekter. Det är svårt att säga vem som är den typiska demonstranten. Kärngruppen är visserligen den så kallade kreativa klassen – liberala, utbildade Moskvabor. Men många deltagare har helt vanliga jobb, och ofta möter jag småföretagare som säger att de inte längre klarar av all byråkrati.

Korruption, valfusk och social orättvisa. Det är de tre faktorer som får folk att demonstrera.

– Valfusket var droppen som fick bägaren att rinna över. Vi accepterar inte sådan öppen fräckhet – att Kreml tar oss för lydiga får, säger 19-åriga Alexandra Gustav på Bolotnajatorget i Moskva den 10 december 2011.

– Det talas om den nya medelklassen, men vi är bara ett tunt, konstgjort lager, och vi finns bara i Moskva. Den stora majoriteten ryska medborgare lever mycket sämre än vi, konstaterar 26-åriga Natalja Godovannaja på en demonstration i Moskva den 6 maj 2013.

– Jag är inte rädd. Jag har inget att förlora. Jag har fått nog av korruptionen och alla nedskärningar i hälsovården och utbildningen, förklarar 18-åriga Jekaterina Dechanova, på en demonstration i Moskva den 12 juni 2017.

– Vi har fler inrikestrupper för att klå upp landets egna medborgare än soldater för vårt försvar! utbrister Olga Alibajeva på en demonstration i Moskva den 31 augusti 2019.

Rosgvardija eller Rysslands nationalgarde är en av Putinregimens många åtgärder för att svara på hotet från demonstranterna. Det bildas 2016 genom att slå ihop alla väpnade inrikestrupper. Sammanlagt blir antalet soldater omkring 340 000. En imponerande våldsreserv, som står under den ryska presidentens direkta kommando.

En auktoritär regim går att definiera med hjälp av hur

många soldater den tror sig behöva för att försvara sig mot sina egna medborgare. Också Belarus, en ännu starkare diktatur än Ryssland, satsar stora resurser på sina inrikestrupper. För regimen utgör de en större säkerhet än armén, som i vissa situationer kan tänkas byta sida till folket. Specialutbildade inrikestrupper är däremot skapade för att vara lojala endast med sin diktator.

Vem är det som står bakom protesträrelsen? Kreml skyller sin vana trogen på väst. Men det är bara en reflex. I själva verket handlar det om en brokig, platt rörelse som saknar tydlig ledare. Det är talande att till och med Putins rådgivare och vän Aleksej Kudrin står på scen och håller tal till demonstranterna under den andra stora protesten, den 24 december 2011 i Moskva.

Till en början består arrangörerna delvis av spillror ur det gamla oppositionsgardet, med rötter i Rysslands politiska 1990-tal. Men det är inte Nemtsovs generation som får unga människor att gå ut på gatan. Det är den nya generationen politiska ledare, och nummer ett bland dem är stjärnbloggaren Aleksej Navalnyj. Han är Rysslands första politiker som till hundra procent behärskar 2010-talets verktyg: dels sociala medier, dels hur man bygger upp ett gräsrotsnätverk över hela landet. Från 2017 är det Navalnyj och ingen annan som för kommandot när det gäller demonstrationerna.

Det är han som bygger upp logistiken, samlar massorna, öppnar egna kontor över hela Ryssland, grundar en populär Youtube-kanal och ständigt drar ner byxorna på makthavarna med sina avslöjanden om elitens gigantiska egendomar utomlands.

Navalnyj blir regelbundet trakasserad och hotad av myndigheterna. Gång på gång får han sitt kontor genomsökt. Han får grönt antiseptiskt medel kastat i ansiktet och förlorar delvis synen på högra ögat. Hans bror döms till fängelse för förskingring i en fingerad dom, som diskvalificeras av Europadomstolen för mänskliga rättigheter i Strasbourg. Navalnyj själv döms för förskingring i samma underkända process, han undgår fängelse men får inte ställa upp i presidentvalet 2018 på grund av domen.

Till sist blir han förgiftad – och överlever nätt och jämnt. Mer om detta längre fram.

Det är ingen slump att många av deltagarna i demonstrationerna är tonåringar. Ingen kan tilltala dem som Navalnyj, med sitt enkla och begripliga språk, sin grabbigt coola image och sin förmåga att sätta fingret på Putinregimens svagheter. Dess gubbighet, dess förljugenhet och framför allt dess pinsamt svaga insikter i vad korruptionen i praktiken leder till.

Putins tjänstemän ger alltid efter för frestelsen att stjäla. För dem är det ett naturligt sätt att fungera.

– Vi hade en trevlig park i Tusjino, där jag brukade åka skridskor. Den hade släta fina asfaltvägar. En dag revs asfalten upp och istället byggde man nya vägar av gatsten – för att en släkting till borgmästaren har en fabrik som tillverkar de där gatstenarna. Nu byter de gatstenarna varje år, till ingen nytta. Tror de inte att vi fattar vad de håller på med? säger den 17-åriga Jevgenij Tjuvilin.

Jag träffar honom i mars 2017. Tjuvilin är en av de tusentals skolelever som till Kremls förskräckelse har börjat delta i demonstrationerna mot Putinregimen. Många av dem blir relegerade från skolan eller straffas med sämre vitsord. Det hjälper inte. De fortsätter att delta i alla fall. Dels eftersom de i sin närmiljö kan se vilka problem som korruptionen ställer till med, dels eftersom de är en del av en global medelklass som är van vid att kunna påverka och som inte tror på några naturlagar.

För Jevgenij är det ingen naturlag att Ryssland måste styras av Putin. Ju fler personer av hans sort jag träffar, desto tydligare inser jag att jag har haft fel om den unga ryska generation som är född under Putinväldet. Jag har betraktat den som materialistisk, cynisk och okritisk. Delar av den är visserligen det. Men en stor del är något annat. Kreativ, kosmopolitisk och påhittig. Framför allt är den självständig. Den tänker inte alltid nödvändigtvis som vi, men den tänker själv.

Putinregimen svarar demonstranterna med två stora arresteringsvågor. En sådan väller över Moskva efter Miljonmarschen den 6 maj 2012, då 37 personer dras inför rätta. Den får namnet Bolotnaja-affären. En annan i juli 2019, då polisen inleder förundersökningar mot 31 personer efter att Moskva hela sommaren har skakats av demonstrationer. Vissa blir frisläppta efter omfattande kampanjer, men ett tiotal får fleråriga fängelsedomar. Kirill Zjukov, till exempel, får tre år i fängelse för att han med sina fingrar vidrörde en skyddshjälm på en elitsoldat.

Zjukov är ingen »sysslolös student« (såsom makthavarna gärna beskriver demonstranterna). Han jobbar som maskinist på Moskvametron och har tidigare varit anställd vid Nationalgardet.

De omfattande repressiva åtgärderna leder inte till att det

ryska civila samhället krymper. Tvärtom. Nya organisationer för att stöda de politiska fångarna växer fram som svampar efter regn. Ryssland är visserligen ett samhälle där makten står över lagen, men Ryssland är samtidigt inte totalt laglöst. Makthavarna och myndigheterna är tvungna att förhålla sig till lagen, även om de inte respekterar den. Ju fler aktivister som vet vad det står i lagen, desto besvärligare för makthavarna.

En av de mest kända organisationerna heter OVD-Info. Den arbetar med att sammanställa och analysera information om politiska fångar, samt bistå dem med advokater. Vid varje demonstration jobbar OVD-Info för högtryck. Över fyrtio frivilliga tar emot samtal i deras trånga lokaler i centrala Moskva.

Vid situationer som den 27 juli 2019, när över 1 300 personer grips, räcker antalet frivilliga inte till. Ändå är det främst tack vare OVD-Info som majoriteten av de gripna släpps ur häktet, eftersom de sänder ut advokater. De gripna känner ofta inte till sina rättigheter, vilket polisen utnyttjar genom att till exempel inleda förhör utan en advokat närvarande. OVD-Info delar bland annat ut broschyrer med instruktioner för hur man ska agera om man blir gripen vid en demonstration.

– Vi gör vårt jobb helt enkelt eftersom det finns ett enormt behov av det, säger Alla Frolova, som är koordinator på OVD-Info. Hon visar mig runt i organisationens trånga lokaler en varm augustidag 2019. Trappuppgången är inpyrd av rök, inne i lokalerna är det så trångt att volontärerna nästan sitter i knät på varandra.

Alla Frolova har tidigare jobbat med hälsovårdsfrågor och

organiserat kampanjer för bättre hälso- och sjukvård. Det var så jag mötte henne första gången, i samband med att jag gjorde ett reportage om ryska hälsovårdsreformer. Nu har alltså Frolova övergått till politiska fångar.

Det finns en växande grupp personer i Ryssland som blir allt proffsigare när det gäller att föra kampanjer, att bemöta polisvåld, att göra det svårare för myndigheterna att godtyckligt utöva sin makt. Det går inte att kalla dem inflytelserika. Deras roll är snarare att likna vid gruset i maskineriet.

De lever under ständig press, eftersom Kreml hela tiden hittar på nya sätt att strypa deras finansiering. Utländska stipendier stoppas genom lagen om utländsk agent (den som tar emot pengar från utländska institutioner måste registrera sig som utländsk agent).

I och med att sociala medier har exploderat i Ryssland har crowdfunding blivit ett nytt, effektivt sätt att få in pengar. Vissa enskilda händelser kan leda till enorma inflöden. När den ryska journalisten Ivan Golunov tack vare en massiv kampanj blir frisläppt den 11 juni 2019 – efter att polisen planterade droger på honom – får OVD-Info på en enda dag in lika många frivilliga bidrag som under en hel månad.

Och protesterna sprider sig.

Sommaren 2020 inleds en ny demonstrationsvåg – men inte i Moskva, utan i Chabarovsk. Sju timmars flygväg, sju tidszoner österut från Moskva. Där, invid den väldiga Amurfloden, tjugo kilometer från kinesiska gränsen ligger ryska Fjärran österns största stad.

Jag är jetlaggad och yr av trötthet när jag landar i början av oktober 2020 för att göra ett reportage på demonstrationerna. Redan på vägen från flygplatsen till hotellet levererar taxichauffören en grundlig utskällning av Moskva och Putin. Den fortsätter under tre dagar. Jag har aldrig varit med om en rysk stad där precis alla – från taxichaufförer och hotellpersonal till journalister, finansdirektörer och pensionärer – är så eniga om att Putin måste avgå.

Kritiken är riktad mot två problem. För det första: Hela ryska Fjärran östern håller på att utvecklas till en koloni, styrd från Moskva. Chabarovskområdet är rikt på lax, virke och mineraler, men att beställa in den berömda stillahavslaxen på en lokal restaurang går inte. All lax håvas in av stora firmor med huvudkontor i Moskva och flygs omedelbart ut. Stora skogsområden huggs ner, ofta mot lagen, och virket skickas direkt till Kina. Nästan inget av vinsten blir kvar i regionen. Storföretagen betalar sin skatt till Moskva.

För det andra: När folket för en gångs skull lyckas välja en guvernör som försöker stoppa detta blir han omedelbart fängslad.

Sergej Furgal var skrothandlare i slutet av 1990-talet, i en tid och bransch där det var svårt att klara sig utan samröre med kriminella. Han kan knappast vara vit som snö. Men det är inte poängen. Dels finns det inga bevis för att han är skyldig till de tre mord han anklagas för, dels spelade denna bakgrund ingen roll förrän han överraskande valdes till guvernör 2018 – och började föra en politik som bjärt skilde sig från föregångarens.

Egentligen gör Furgal ingenting extraordinärt. Han fattar normala beslut. Guvernörens administration äger en lyxjakt vars nödvändighet inte går att motivera på något sätt. Den ställer han ut till försäljning. Han skär ner antalet vice guvernörer från tolv till åtta och stoppar planerade inköp av två tjänstemannabostäder och -bilar. Han avskaffar regeln att barn vars föräldrar har råd att betala får bättre skolmat och inför istället samma skolmat för alla.

Kort sagt jobbar han på ett helt annat sätt än sin föregångare, den korrumperade och flegmatiska Vjatjeslav Sjport, som tillhör Putinpartiet Enade Ryssland.

Putinregimen gillar inte självständighet. I en sammetsdiktatur är det tillåtet med korruption, godtycklighet och ineffektivitet. Illojalitet är däremot förbjudet. Den som inte rättar in sig i ledet, som tvärtom med sitt eget agerande får alla andra beslutsfattare att framstå som just så korrupta som de är, måste avlägsnas.

Den 9 juli 2020 grips Chabarovskregionens populära guvernör Sergej Furgal och förs till Moskva i handklovar. Där anklagas han för tre mord.

Två dagar senare går invånarna i Chabarovsk ut på gatan i den största regionala demonstration som har hållits sedan Sovjetunionens fall, med upp till 40 000 deltagare. Därefter fortsätter de att demonstrera dagligen för att Furgal ska få återvända. Varje lördag hålls veckans huvuddemonstration med flera tusen deltagare.

– Putin svek oss. Han kallas för president, men han har svikit vår region. I nästan tre månader har vi demonstrerat, och inte en enda gång har han intresserat sig för oss! säger pensionerade Zjanna Safronova, som jag träffar på demonstrationen den 3 oktober 2020.

Polisen uppmanar demonstranterna att skingra sig, men gör inget för att stoppa dem. En vecka senare skingras demonstranterna för första gången med våld. Myndigheterna skickar ut inrikesministeriets särskilt skolade soldater, som går under namnet OMON (*Otrjad mobilnyj osobogo naznatjenija*, mobila enheten för särskilda insatser). De misshandlar försvarslösa människor, flera hamnar på sjukhus. Syftet är uppenbart: att skrämma folk till underkastelse.

Men samma kväll går demonstranterna ut på nytt. De står på Lenintorget i nattmörkret och viftar med sina mobiltelefoner som tända ljus. Och över hela torget ljuder deras skanderande:

– *Degtjarjov – posjel von*! Degtjarjov – stick!

Michail Degtjarjov är den nya guvernören som Putin har utsett för att ersätta Furgal. Han vågar inte gå ut för att möta folket.

Det som fascinerar mig mest med protesterna i Chabarovsk är människornas klarsynthet. När jag tidigare mötte folk i regionerna, som sopaktivisterna i Volokolamsk 2018, var de noga med att understryka att de inte protesterade mot president Putin. Det handlade om taktik – att inte väcka misstänksamhet i Kreml utan göra Kreml till sin lierade och på så vis att tvinga lokala tjänstemän att ta tillbaka dåliga beslut.

Nu, två år senare i Chabarovsk, säger alla med en mun: Det är Putin som är problemet. Det är han som måste bort – han och hela hans anhang.

De säger inte längre: Tsaren är god men bojarerna dåliga. De säger: Tsaren ska gå.

Detta hade troligen inte varit möjligt utan flera år av protester i Moskva. De har visat det övriga Ryssland vägen, byggt en modell för hur medborgarna kan agera.

Protesterna i Ryssland kommer att fortsätta. Missnöjet

med Putinregimen – med korruptionen, den sänkta levnadsstandarden, det allt mer dysfunktionella samhället – är helt enkelt så stort.

Demonstrationerna håller inte på att störta Putinregimen. Det är fortfarande en minoritet av ryska folket som deltar i dem. Kreml gör allt för att få dem under kontroll genom massarresteringar och lagstiftning som tillåter drakoniska straff för minimala eller obefintliga förseelser.

Vad de har gjort är något annat – de har gjort protesterna till en vardag, någonting normalt. Det är inte längre bara marginella element som deltar i demonstrationer. Det har blivit ett urbant fenomen att gå ut gatan för att säga sin mening.

Ryssland är ett annat Ryssland än det Putin hann vänja sig vid. Han ogillar starkt sitt nya Ryssland. Men det går inte att byta ut.

Det är ju han själv som har skapat det.

17. JURIJ DMITRIJEV

HAN KOMMER GÅENDE i korridoren, på väg mot sin rättegång. Liten, skinntorr, med infallna kinder och silvervitt hår, klädd i svart vindtygsjacka av märket Puma. Slagen i handklovar och omgiven av fyra uniformklädda poliser ser man knappt den magra gestalten, som skyms av polisernas stora kroppshyddor. Den trånga gången, proppfull av folk, ekar av jubel och applåder.

– Hurra!

– Jura, håll ut!

Att intervjua honom går inte. Det enda som går är att ropa ut en fråga. Och den kan inte vara komplicerad, för vi har inte mycket tid på oss.

– Jurij Aleksejevitj, hurdana är förhållandena i fängelset? ropar jag medan jag småspringer bredvid poliserna.

Situationen har ett drag av ofrivillig komik. Fången drar nästan omärkligt på munnen.

– Som de brukar vara i fängelser, svarar han blitt.

En dörr smäller igen. Rättegången mot Jurij Dmitrijev återupptas.

Ryssland är fullt av hjältar. Från Sankt Petersburg till Magadan, från Sotji till Irkutsk. Överallt finns dessa människor som tar risker för att hjälpa andra. Människor som protesterar mot olagliga byggen, som demonstrerar för politiska fångar, som kräver rättvisa val, som försvarar sin egendom mot klåfingriga tjänstemän.

Men ingen har berört mig som Jurij Dmitrijev.

Han slåss för rätten att minnas.

– Ett folk utan minne är inget folk. Att minnas sina närstående, det är att minnas sin familj. Att minnas andra människor – det är att minnas sitt folk. Utan minne finns inget folk, utan folk finns inget minne, skriver Dmitrijev i sin bok, *Mesto pamjati Sandarmoch* (Minnesplatsen Sandarmoch).

Han fortsätter:

– För mig är Sandarmoch inte bara en minnesplats. Det är också en plats för fostran. Ett ställe som kan få en befolkning att omvandlas till ett folk. Som fostrar det till att känna ansvar för sitt öde. Bara så kan man få människor att känna ansvar även för följande generation.

Boken ges ut i februari 2020. Då har Dmitrijev suttit fängslad i sammanlagt två och ett halvt år för brott han inte begått.

Det finns inget område i Ryssland där Stalins massgravar är lika väl kartlagda som i Karelen. Det är Dmitrijevs livsverk. Hans bana som lokalhistoriker i Petrozavodsk inleds i början på 1990-talet, då han arbetar som assistent åt dumaledamoten Michail Zenko. Några grävmaskinförare hade stött på stora mängder skelett i sandtag utanför Petrozavodsk. Dmitrijev undersöker skeletten. Tinningarna på kranierna är perforerade av runda kulhål.

Han inser att om man vill gå till botten med den här frågan krävs mycket mer omfattande efterforskningar. Det är upptakten till ett arbete som ska fortsätta i tjugofem år.

Att det ligger massgravar i Karelen är inte ny kunskap. Många har vetat om dem. Men ingen har letat reda på gravarna, ingen har identifierat vem det är som ligger där. Ingen har gett de döda ett namn.

Varför blir just Dmitrijev denna person?

Jurij Dmitrijev har aldrig studerat historia. Han föds på ett barnhem i Petrozavodsk år 1956 och adopteras till en officersfamilj. Bägge föräldrarna är krigsveteraner. Dmitrijev blir låssmed. Han inleder en utbildning som ambulanssjukvårdare, men avslutar den inte.

Den unge Jurij har ett häftigt temperament och är fruktansvärt envis. Som ung man döms han till några år i fängelse efter att ha varit med i ett slagsmål. Han kommer ut ur fängelset som en antisovjetisk person och får jobb som metallarbetare på en fabrik. När perestrojkan gör sitt inträde engagerar han sig politiskt i Karelska folkfronten. Han blir assistent till dumaledamoten Michail Zenko.

År 1989 öppnar Gorbatjov NKVD:s arkiv. Vecka efter vecka, år efter år sitter Dmitrijev i arkiven och läser rättegångsprototkoll från 1930-talet, då så kallade trojka-domstolar på löpande band dömde sovjetmedborgare till döden för obetydliga eller påhittade brott. Perioden kallas »Stora utrensningen« och ledde, enligt NKVD:s arkiv, till att 681 692 personer sköts. Historikern Robert Conquest, som skrev boken *Den stora terrorn*, tror att det verkliga antalet är mer än dubbelt högre.

Dmitrijev får varken fotokopiera eller skriva av namnen i protokollen. Han löser problemet med att spela in materialet på en bandspelare. I åtta timmar, från och med att arkivet öppnar på morgonen tills det stänger på kvällen, sitter han och spelar in namn och domar. Därefter skriver han ut dem hemma. Det blir ett väldigt material, som Dmitrijev ger ut under namnet »Bok till minnet av offren för politiska förföljelser 1930–1940«. Här får anhöriga för första gången svaret på frågan vad som egentligen hände med deras släktingar.

– Han är ju ingen utbildad historiker. Men han har en otrolig känsla för sitt material och för hur man använder ett arkiv, han förmår plocka ut det väsentliga ur tusentals namn. Ingen annan i Ryssland har på samma sätt lyckats hitta inte bara de arkebuserade, utan också reda ut exakt var de ligger begravda, säger Irina Galkova, som leder människorättsorganisationen Memorials museum i Moskva.

Vintertid jobbar Dmitrijev i arkiven. Sommartid letar han efter kvarlevorna av dessa mördade människor. En stor del ligger kastade i massgravar, som ofta grävts ut i sandiga moar. För att hitta dem tar Dmitrijev hjälp av rättegångsprotokollen, där platserna för arkebuseringarna ofta står utsatta. Med åren blir hans blick alltmer känslig för var det i allmänhet lönar sig att leta efter den här sortens platser – och hur de brukar se ut. Lik som har kastas i en grop sjunker med tiden ihop. Det leder till att marken liksom sätter sig.

Som sällskap och assistans vid utgrävningarna har han en hund han räddade från gatan, en schäfertik vid namn Vedma (Häxan). Skolad i att spåra åker den obrottsligt trogna hunden med på alla expeditioner, sittande på baksätet i Dmitrijevs slitna Niva. Att Dmitrijev och hans barn över huvud taget överlever den här tiden ekonomiskt är tack vare hans föräldrar. Pappan, som stöder Dmitrijev i hans arbete, livnär hela familjen med sin officerspension.

Dmitrijevs mål är att ge alla dem som mördades under Stalins utrensningar ett namn och en grav.

– Varje människa har rätt till en grav dit de anhöriga kan gå, säger han.

År 1997 hittar Dmitrijev en av de största identifierade massgravarna i det forna Sovjetunionen – Sandarmoch utanför Medvezjegorsk. Här ligger över 9 000 människor begravda. Platsen får status som officiellt minnesmärke och den 5 augusti varje år hålls en ceremoni över de döda. Anhöriga från både Ryssland och utlandet vallfärdar till Sandarmoch, där minst 58 nationaliteter ligger begravda. De flesta kvarlevorna i Sandarmoch är från ryssar, därefter kommer finländare, karelare, ukrainare och polacker. Många av dem som mördades i Karelen på 1930-talet var utländska kommunister som hade flyttat till Sovjetunionen.

År 2000 blir Vladimir Putin Rysslands president. Det tar inte lång tid förrän säkerhetstjänsten FSB fattar beslutet att stänga eller starkt begränsa tillgången till NKVD-arkiven. Putin introducerar sin egen syn på den ryska historien, som går ut på att relativisera och förminska. Man ska sluta fokusera på allt det negativa. Putin säger inte att Gulag inte har existerat, han säger att tiderna var sådana. Att Stalin trots allt var en bra manager.

Samtidigt fortsätter minnesceremonin i Sandarmoch att växa år för år. Busslaster med ukrainare och polacker deltar i ceremonin och år 2015 tilldelas Dmitrijev ett av polska statens högsta utmärkelsetecken. Vid det laget har Ryssland annekterat Krim och blivit en internationell paria. Samtidigt blir säkerhetstjänsten FSB allt mäktigare – och alltmer paranoid.

Regeringen för republiken Karelen har som tradition att årligen delta i minneshögtiden. År 2016 bojkottar myndigheterna plötsligt ceremonin. Den 15 december samma år grips Dmitrijev, anklagad för innehav av barnpornografi. Nu inleds hans Golgatavandring.

Under sin första rättegång anklagas han för att bilder som han tagit av sin adoptivdotter Natalja var pornografiska. När Dmitrijev adopterade Natalja från ett barnhem var hon tre år och undernärd. Han fotograferade henne regelbundet naken för att följa med hennes utveckling.

En expertgrupp förklarar att bilderna inte är pornografiska. Dmitrijev genomgår en sinnesundersökning på den beryktade psykologiska institutionen Institut Serbskogo i Moskva. Diagnos: Han är inte pedofil.

Efter en massiv kampanj för Dmitrijev, där kända författare, artister och konstnärer kräver att han ska frias, släpps Dmitrijev ur häktet i januari 2018. I april samma år frias han från anklagelserna om barnpornografi. Jag intervjuar honom per telefon när han precis har släppts ur fängelset i januari. Hans röst är trygg och vänlig.

– Jag beslöt att betrakta min tid i fängelset inte som ett straff, utan som ett sätt att förstå de personer jag själv skriver om. De gick igenom samma sak för åttio år sedan, säger Dmitrijev.

Han citerar en av de personer han har forskat om, Varvara Brusilova, som arkebuserades 1937 efter att ha protesterat mot att bolsjevikerna förföljde präster.

– Enligt min religiösa tro finns ingen död. Och allt det andra behöver man inte vara rädd för.

Dmitrijev planerar att fortsätta arbetet på sin bok. Till sommaren ska han ge sig ut i skogen igen på jakt efter massgravar.

Men så blir det inte. I juni samma år grips han på nytt och anklagas för att ha förgripit sig sexuellt på sin adoptivdotter Natalja.

Ända sedan Dmitrijev greps första gången har Natalja bott hos sin biologiska mormor – samma person som lämnade in henne på barnhemmet när hon var några år gammal. Eftersom fallet är hemligstämplat är detaljerna i åtalet inte offentliga. Men allt tyder på att dottern, som Dmitrijev inte har fått träffa sedan 2016, och som i brev har krävt att få flytta tillbaka till sin pappa, har pressats till att vittna mot honom.

Det står mycket klart varför åklagarmyndigheterna inte kan lämna Dmitrijev i fred. Varför man anhåller honom gång på gång.

Dmitrijevs arbete med att dokumentera Stalins brott passar inte in i Putins Ryssland och dess historiesyn. Det är visserligen inte förbjudet att kritisera Stalin. Vad Dmitrijev gör är något annat – han dokumenterar, kartlägger, bygger upp en kunskapsbank. Han bevisar utom allt tvivel vad Stalins metoder gick ut på. Dessutom är han outtröttlig och gräver hela tiden fram nya uppgifter.

Ett ännu större problem är den årliga minnesceremonin som han har instiftat vid Sandarmoch. Det har gett de anhöriga en plats att gå till, en ritual att utföra. Historien blir konkret, den får konturer. Människor tvingas förhålla sig till Stalin inte som en ledare med »goda och dåliga sidor« utan en diktator som anställde ett systematiskt massmord på sin egen befolkning.

Jurij Dmitrijev sätter helt enkelt fingret på det moderna Rysslands sjukaste, ömmaste punkt. Det får han betala för.

Det är ingen slump att Ryska militärhistoriska sällskapet år 2018 meddelar att man inleder nya utgrävningar i Sandarmoch. Målet är att bevisa att det i själva verket är en massgrav inte bara för Stalins offer, utan också för sovjetiska soldater som finländska armén lät arkebusera under andra världskriget. De resultatlösa utgrävningarna fortsätter i två år, trots att finländska historiker gång på gång påpekar att finländska armén inte begravde några ryska soldater i Sandarmoch.

Målet kvarstår: Att hitta något som bevisar att här ligger en sovjetisk soldat begraven. Om så bara en enda. För att därefter kunna resa ett nytt monumentet till de fallna sovjetsoldaterna, invid minnesmärket till Stalins offer. Då blir det plötsligt inte längre så enkelt och tydligt vad Stalin gjorde. Det fanns ju andra som mördade. Finländarna till exempel.

Det här är Kremls uttalade strategi: Att blanda bort korten. Alla har något på sitt samvete. Alla är lika goda kålsupare.

Under tiden fortsätter rättegången för att svärta ned Dmitrijev.

– Pappa misstänkte länge att någon var ute efter honom. Jag sade att han skulle sluta leka James Bond. Vem skulle ha något emot att man ger anhöriga en grav att gå till? säger Dmitirijevs dotter Jekaterina Klodt till mig när vi träffas utanför rättssalen i september 2017.

Till exempel säkerhetstjänsten FSB. Mycket tyder på att det är FSB som ligger bakom häxjakten på Dmitrijev.

FSB är efterföljarna till den sovjetiska underrättelsetjänsten NKVD, som utförde Stalins blodiga hantverk på 1930-talet. Dmitrijev har namnen inte bara på dem som mördades av Stalin, utan även på bödlarna. Några månader innan han grips första gången, den 15 december 2016, har människorättsorganisationen Memorial publicerat en lista på vilka NKVD-officerare som deltog i Stalins utrensningar. Dmitrijev deltar inte i projektet, men han är Memorials ordförande i Karelen. Under hösten 2016 får han anonyma samtal av någon som vill veta om han har en lista på bödlarna i Karelen.

Att man väljer att anklaga honom för just pedofili är en fortsättning på gammal sovjettradition. Dissidenter ska inte bara tystas. Deras rykte ska dras i smutsen, heder och ära tas ifrån dem. Ingen ska vilja ha med dem att göra.

I fallet Dmitrijev är reaktionen den motsatta. Ju längre rättegången fortgår, desto fler ställer upp vid hans sida. Kända ryska kulturpersonligheter som den Oscarnominerade regissören Andrej Zvjagintsev och författarna Ljudmila Ulitskaja och Boris Akunin skriver på petitioner för att han ska friges. Historiestudenter i Sankt Petersburg bildar grupper som ser till att någon alltid är närvarande på rättegångarna i Petrozavodsk. Korridoren i tingsrätten är knökfull varje gång den i bojor slagna Dmitrijev förs in. Folk hurrar, kallar Dmitrijev vid namn och klappar i händerna.

– Tack till er alla. Det betyder mycket för pappa, säger Jekaterina Klodt, som vanligt på plats i december 2018. Jag har då för andra gången åkt till Petrozavodsk för att närvara vid rättegången, och ser hur antalet aktivister som stöder Dmitrijev fortsätter att växa.

Själv ser han varje gång mer och mer tärd ut. Kinderna är insjunkna, ryggen alltmer krokig och böjd. Redan år 2017, medan första rättegången pågår, säger hans advokat Viktor Anufrijev att Dmitrijev inte kommer att överleva en lång fängelsedom.

I juli 2020 kommer domen. Åklagaren yrkade på att han skulle få femton års fängelse för sexuellt utnyttjande av adoptivdottern. Dmitrijev döms till 3,5 år. Tiden han har suttit häktad dras av straffet. Om domen inte överklagas blir Dmitrijev en fri man i november samma år.

Domen vittnar tydligt och klart om att domstolsväsendet har påverkats av den envisa medborgarkampanjen för att Dmitrijev ska friges. Jag börjar redan planera en ny reportageresa till Petrozavodsk för att vara närvarande då han lämnar fängelset.

Men domen överklagas av bägge parter. Den 29 september kommer kallduschen. Jurij Dmitrijev får tretton år i fängelse. Det är i praktiken en dödsdom. Han är 64 år gammal och risken för att han inte överlever de ryska fängelseförhållandena är stor.

När beskedet kommer är det som om luften går ur mig. Jag tänker på allt Dmitrijev har åstadkommit, hans tålmodiga arbete, hans mod.

Varför behandlar Ryssland alltid sina allra bästa som grymmast?

Men kampen fortsätter. En vecka efter domen citeras ett av Dmitrijevs brev till stödtrupperna på deras Facebooksida:

– Vid liv, frisk, pigg och fylld av kraft och beslutsamhet för att fortsätta kämpa! Vi ska segra!

Och i det lilla träkapellet i Sandarmoch hänger en kopia av ett handskrivet brev. Det är skrivet av Dmitrijev i fängelset och daterat den 16 augusti 2018.

Hej Sergej,
Tack för brev, varmt och vänligt som en sommardag. Det gjorde mig glad.

Frågorna du ställer är frågor av vår tid.

Vart är vi på väg?

Vem är skyldig? Vad ska vi ta oss till?

Jag svarar: Leva. Jag kan tillägga vad Solzjenitsyn sade: Lev inte i en lögn.

Lev utan skräck. Vad vi gör är det rätta.

Så försöker jag leva själv.

18. PROPAGANDADROTTNINGEN OCH DON QUIJOTE

JAG HAR ALDRIG fått någon egen intervju med den ryska oppositionsledaren Aleksej Navalnyj. Men jag har träffat honom när han öppnade en ny stab i Tula. Nonchalant kom han släntrande, klädd i jeans och rutig skjorta. Avslappnat och självklart gick han fram till gruppen nervösa aktivister som stod och väntade på stjärnan, morsade och skakade rutinerat hand med var och en. Med mig också. Han tog mig för en av aktivisterna.

Att skaka hand med alla på plats för säkerhets skull är ett bra exempel på hur Navalnyj fungerar. Han vet att han är en rockstjärna och kommer han till Tula ska alla få känna att de träffat honom. Navalnyj är nämligen något för Ryssland så ovanligt som en riktig politiker. Han behärskar väljarhantverket, han vet hur man bygger upp en väljarbas och nätverk på gräsrotsnivå. Hans arbete grundar sig till stor del på att folk ställer upp frivilligt och jobbar för honom som valarbetare och -observatörer.

De flesta politiska partier i Ryssland saknar fungerande lokalavdelningar. Partierna måste anställa folk tillfälligt för alla sådana uppdrag som i nordiska länder sköts av gräsrotsmedlemmar, till exempel att dela ut valmaterial och koka kaffe. Ur den synvinkeln fungerar Navalnyjs organisation i själva verket som vilket vanligt nordiskt parti som helst.

Inför stabsöppningen i Tula har vi tjatat om en egen intervju, men inte fått någon. Vi får inte ens lov att fotografera ett eget porträtt av stjärnan. Navalnyj är notoriskt ointresserad av att tala med journalister i allmänhet och utländska journalister i synnerhet. Han har sedan länge byggt upp sina egna plattformar, där han kommunicerar på sina egna villkor.

Det går väldigt bra.

Navalnyjs motpol i Ryssland heter Margarita Simonjan, chefredaktören för den statliga tv-kanalen RT (Russia Today) och för den statliga informationsbyrån Rossija Segodnja, där RT ingår. Där Navalnyj har byggt upp en egen organisation, har Simonjan placerats högst upp i ett hierarkiskt propagandamaskineri som finansieras direkt av Kreml. Där Navalnyj går i clinch med makthavarna är Simonjan deras megafon. Där Navalnyj insisterar på att Ryssland kan och bör bli ett normalt europeiskt land säger Simonjan att Ryssland ska gå på i ullstrumporna, att den ryska sammetsdiktaturen tvärtom visat sig vara en framgångsrik modell. (Sammetsdiktatur är förstås inte ett ord hon använder.)

Ändå är de på vissa plan lika varandra. Bägge är skickliga på att popularisera, uttrycka sig enkelt, få skrattarna på sin sida. Bägge är ofta slängiga i tonen. Bägge vet hur man utnyttjar sociala medier. Simonjan har ungefär en halv miljon följare på Twitter, Navalnyj 2,2 miljoner.

Att Navalnyj har så många fler följare än Simonjan beror troligen på att många ryssar verkligen är nyfikna på vad han härnäst ska gräva fram – vilka ministrar eller höga tjänstemän som får sina lyxvillor avslöjade.

Det finns en stor skillnad mellan Navalnyj och Simonjan: Navalnyj tror på något. Simonjan är däremot en person utan övertygelser, en hundraprocentig opportunist. Även Navalnyj kan ibland visa prov på viss opportunism, i synnerhet när han var yngre och hade tydliga nationalistiska böjelser (han har gått i nationalistmarscher och krävt rätt för alla ryssar att bära vapen). Med åldern har de slipats ner.

Men i motsats till Simonjan är Navalnyj, och har alltid varit, en i grunden politisk person. Han har starka övertygelser, som han slåss förr.

Simonjan slåss inte för sina övertygelser. Hon kontrollerar varifrån vinden blåser. Därefter manövrerar hon, ljuger, antyder och sprider tvivel.

Simonjan var bara 25 år gammal när hon år 2005 blev chefredaktör för Kremls nya engelskspråkiga propagandaorgan RT. Jag anlände själv till Moskva följande år och minns hur äldre manliga kolleger småskrattade åt flicksnärtan som satts att leda Kremls nya mediaprojekt. Hade hon möjligen gått sängvägen?

Simonjan själv skulle utan tvekan kunna fälla den sortens sexistiska kommentarer. Hon är ett geni när det gäller att vädja till människans lägre instinkter. När hon år 2018 intervjuar de ryska säkerhetsagenterna Anatolij Tjepiga och Aleksandr Misjkin – som enligt övertygande bevisning av brittiska myndigheter förgiftade Sergej Skripal i Storbritannien med Novitjok – försöker hon blanda bort korten genom att få dem att framstå som homosexuella.

– Ni är hela tiden tillsammans, bor tillsammans, går tillsammans. Låt mig uttrycka saken så här – vad är det som förenar er? säger Simonjan.

Frågan är medvetet ställd med syftet att kittla homofobin i Ryssland. Genom att framställa dessa spioner som tillhörande en marginaliserad, stigmatiserad grupp får hon dem – i en rysk kontext – att se lite komiska och bisarra ut. Och därmed avförs de från listan av misstänkta. Inte kan ett par bögar vara seriösa agenter.

Simonjan ljuger obesvärat om hur hon fick intervjun. På Twitter påstår hon att Tjepiga och Misjkin själva ringde henne på mobilen och ville bli intervjuade. Hur dessa så kallade handelsresanden i kosttillskottbranschen (agenternas egen historia) lyckades få tag på mobilnumret till en av Rysslands mest eftersökta mediechefer är en gåta. Men Simonjan svarar att vem som helst kan få tag på hennes nummer. »Till och med blomsterkuriren har det.«

Lögnen är så grov att man baxnar, vilket vem som helst som försöker få en intervju med Simonjan vet. För en vanlig människa är det i praktiken omöjligt att komma igenom muren av sekreterare och pressansvariga som omgärdar henne.

Den som vill klara sig högst upp i Kremls mediehierarkier behöver inte bara vassa armbågar. Avgörande är även en solid förmåga att bortse från moraliska principer.

Simonjans näsa för hur man hittar exakt det tonläge som Kreml vill ha är ofelbar. Precis som Putin har hon en förkärlek för det vulgära och skrytsamma. Den 8 september 2020 kritiseras hon på Twitter av USA:s före detta Moskva-ambassadör Michael McFaul för att sprida lögner om demonstrationerna i Belarus. McFaul konstaterar: »But we all have to make a living I guess.« På det svarar Simonjan: »I really don't have to make a living – my husband bought his first Rolls Royce when I was in middle school.«

Det är viktigt för henne att då och då flasha med sin uppburna livsstil. Den har hon inte fått gratis – Margarita Simonjans historia är en klassresa. Född och uppvuxen under enkla förhållanden i Krasnodar, utexaminerad med toppbetyg, går hon från att vara journalist för en regional tv-kanal till högsta chef för landets mest påkostade propagandamaskineri. Hon tar sig från folkets djup – hennes pappa reparerade kylskåp och mamma sålde blommor på torget i Krasnodar – till den absoluta toppen i Kremls propagandamaskineri.

Navalnyj och Simonjan avskyr varandra. De utgör varandras favorithatobjekt. På sin Youtube-kanal lägger Navalnyj ut omfattande undersökningar om hur Simonjan och hennes man tjänar enorma summor på att producera undermålig propaganda till statliga ryska tv-kanaler, både RT och kanalen NTV. Han kallar henne en parasit.

När Navalnyj blir förgiftad med Novitjok i slutet av augusti 2020 och svävar mellan liv och död hämnas Simonjan genom att låta förstå att han helt enkelt har fått ett anfall av lågt blodsocker. Hon antyder också att han i själva verket har förgiftats av sin »värsta konkurrent«, den Putinkritiska oligarken Michail Chodorkovskij.

Aleksej Navalnyjs bakgrund är annorlunda än Simonjans. Hon är arbetarklass, han medelklass. Hon växte upp i Krasnodar i södra Ryssland, han i en stängd militärstad utanför Moskva. Navalnyjs far, född i Ukraina, var yrkesmilitär och mamman laborant – typiska sovjetiska medelklassyrken. När Sovjetunionen föll samman startade föräldrarna en liten fabrik som tillverkade korgar.

Navalnyj utbildade sig till jurist och gick som 24-åring med i det socialliberala oppositionspartiet Jabloko. Han blev utslängd sju år senare på grund av sina nationalistiska åsikter och grundade istället projektet Rospil, som gick ut på att avslöja korruption inom statliga uppköp. Rospil gjorde stora avslöjanden och Navalnyj gick vidare och grundade Fonden för kampen mot korruption.

Tio år senare är Navalnyj Rysslands överlägset mest kända oppositionsledare. Hans Youtube-kanal »Navalny Live« samlar som flest flera miljoner tittare. Hans avslöjanden om korrupta ryska ministrar, tjänstemän och oligarker är kända över hela landet. När han ställer upp i borgmästarvalet i Moskva 2013 får han över 27 procent av rösterna, trots att han blir fullständigt utfryst av alla statliga medier och rösträkningen manipuleras.

Under regionvalen år 2019 genomför han den lyckade kampanjen »Rösta smart«, som innebär att väljarna organiserat röstar på den kandidat som har bäst chanser att slå ut Putinpartiets Enade Ryssland. Resultatet är att Enade Ryssland förlorar nästan hälften av sina mandat i Moskva och Irkutsk, samt gör ett katastrofval i Chabarovsk där deras mandat rasar från 33 till 2.

Nästa år fortsätter regionalvalen. Navalnyj jobbar med en liknande kampanj i Sibirien – i Novosibirsk och Tomsk – då han medvetslös faller ihop under flygresan hem mellan Tomsk och Moskva. Planet nödlandar i Omsk. I över ett dygn svävar Navalnyj mellan liv och död, helt uppenbart förgiftad.

Den officiella diagnosen lyder dock »problem med ämnesomsättningen«. En diagnos som i sin absurditet kunde utgöra ett monument över Putinregimens förhållande till sanningen.

Till sist, efter internationella påtryckningar, ger myndigheterna Navalnyj tillstånd att flygas till Berlin för expertvård. Där lyckas laboratoriet på Bundeswehr spåra Novitjok. Den internationella skandalen är ett faktum. Novitjok är ett förbjudet kemiskt vapen, som bara ryska säkerhetstjänsten har tillgång till.

Navalnyj inte bara överlever. Han blir dessutom sig själv igen. En dryg månad efter att han blev förgiftad ger han långa intervjuer till de viktigaste oberoende ryska medierna om det skedda. Han uppmanar EU och USA att äntligen frysa ryska tjänstemäns och politikers egendomar och bankkonton i väst.

Nu är han svårare än någonsin att ignorera. I åratal har det varit uppenbart att de ryska makthavarna försöker tysta, begränsa, diskreditera och svartmåla honom. Ändå misstänks Navalnyj ständigt för att egentligen samarbeta med Kreml. Varför är han annars vid liv?

Den djupt liggande cynismen är den ryska oppositionens förbannelse och gissel. Väljarna hatar Putin, men misstänker samtidigt att den som öppet kritiserar diktatorn egentligen samarbetar med honom. Om man inte litar på någon behöver man heller inte bli besviken.

Efter att Navalnyj förgiftades behöver den frågan inte längre ställas.

Länge framstod Navalnyj som en Don Quijote. Han anföll Kreml, om och om igen, utan att det ledde till några förändringar. Han tilläts inte ställa upp i presidentvalet 2018. Han kritiserades hårt av den ryska intelligentian, som betraktade honom som populistisk, vulgär och pinsam.

Hans envishet framstod som närmast obegriplig. Hur orkar han bli utsatt för attentat, få grön färg kastad i ansiktet, se sin bror dömas till fängelse på oriktiga grunder? Hur orkar han fortsätta med dessa avslöjanden, som ändå inte leder till att någon avgår?

Men efter tio år av avslöjanden är resultatet att Kreml börjar förlora val, att Navalnyj är en stjärna på nätet och att han nu är en internationell röst att räkna med.

Kreml själv har gjort Navalnyj till ett internationellt namn. På samma sätt som man har gett Simonjan en av Rysslands mest privilegierade positioner. Simonjan lyfte man upp, Navalnyj har man gjort allt för att marginalisera.

Om Navalnyj en dag får makten kommer Simonjan att förlora sin privilegierade position på bråkdelen av en sekund. Men ingen behöver vara orolig för hennes del. Simonjan klarar sig under vilka regimer som helst. På ryska kallas sådana som hon *prisposoblenets* – den som kan anpassa sig.

SAMMETSDIKTATUREN I GUNGNING

19. KEJSAREN ÄR NAKEN

SKÄMTET ÄR DET ryska samhällets livsluft. Det går inte att underskatta humorns betydelse för den som lever i ett auktoritärt samhälle. Det uppstår alltid nya skämt om aktuella händelser, den som vill veta vad som pågår i Ryssland ska fråga vilka de senaste vitsarna är. De är en barometer.

Under våren 2020 piper min telefon ständigt då ryska vänner skickar in nya skämt till vår Whatsapp-tråd. Världen har drabbats av coronapandemin, men Putinregimen vidhåller att Ryssland ska genomföra en rådgivande folkomröstning om ändringar i grundlagen. I ändringarna ingår att alla hans tidigare mandatperioder stryks och han kan börja om från början. Om ändringarna godkänns kan Putin i praktiken sitta kvar till 2036. Då är han 84 år.

Omröstningen får skjutas upp flera gånger på grund av pandemin. Valdeltagandet hotar att bli rekordlågt och Kreml jobbar desperat för att få folk att rösta. Ett mer tacksamt material för en humorist får man leta efter.

Några skämt:

> Klockan två på natten ringer telefonen. Du svarar sömnigt:

– Ja...
– Er röst har registrerats. Tack för att ni deltog i folkomröstningen om den nya grundlagen.

I affären frågar expediten:
– Vill ni ha en påse?
– Ja.
– Tack för att ni röstade för ändringarna i grundlagen!

En liten pojke tittar ut genom fönstret.
– Det regnar.
En röst i bakgrunden:
– Vill du att det ska bli fint väder? Rösta för ändringarna i grundlagen!

Den rådgivande folkomröstningen ska genomföras den 22 april. Kampanjen inleds. Allt ser ut att gå enligt planerna.

Då utbryter coronapandemin.

Putin drar ut på beslutet i det längsta, men blir till sist tvungen att skjuta upp folkomröstningen. Coronapandemin drar igenom den nedmonterade ryska hälsovården som en dödsbringande virvelvind. Ryssland åker mycket snabbt upp i toppen av världsstatistiken när det gäller antalet smittade. Antalet dödsfall hålls konstgjort lågt genom att man skriver in andra dödsorsaker än covid-19. Putin isolerar sig, syns sällan i offentligheten och försöker skjuta över ansvaret för coronabekämpningen på guvernörerna. Hans opinionssiffror rasar.

Plötsligt blir det pinsamt uppenbart vilka begränsningarna

för Putins sammetsdiktatur är. När samhället drabbas av ett yttre problem, som ingen hade kunnat förutse och som inte går att manipulera, styra eller avfärda med propaganda – då är verktygslådan plötsligt tom. Kvar står man med ett hälsovårdssystem som negligerats i decennier och en korrupt tjänstemannakår som inte vet vad den ska göra. Den är van vid att vänta på order uppifrån, men nu säger Kreml att varje region själv ska bestämma vilka begränsningar man inför. Ansvaret flyttas runt. Resultatet är att coronaviruset snabbt får fäste.

Ett auktoritärt system fungerar bara inom vissa ramar. Det äger råstyrka, men saknar smidighet. Det kan bara handskas med en viss sorts problem. Problemen måste alltid kunna skyllas på en yttre fiende, på ränker som smids mot Ryssland.

När omvärlden straffar Ryssland med sanktioner på grund av att man invaderar en granne kan man luta sig tillbaka mot patriotiska känslor. Krim är vårt, Ryssland är starkt, väst försöker straffa oss för att vi har återtagit vår rätta position. Men coronaviruset går inte att påverka med propaganda och hybridoperationer, det är immunt mot alla metoder där Kreml excellerar. Det drabbar hela världen och går inte att tillskriva russofobiska egenskaper.

Metoder som biter på coronaviruset är sådana som Kreml inte behärskar eller prioriterar: fungerande hälsovård, kompetent förvaltning, tillit till myndigheterna. Det går bara att bekämpa med en genomtänkt strategi där sjukhusen ges tillräckligt med resurser. De har de inte haft på decennier, i synnerhet inte i regionerna, och snart är den katastrofala bristen på skyddsutrustning ett faktum.

Ett annat av det auktoritära systemets problem är att det saknar legitimitet. Det klarar av att sätta igång en krigsoperation i Syrien, men när samhället ska mobilisera på ett sätt som förutsätter förtroende för myndigheterna vill folk inte följa reglerna. Ryssarna har goda skäl att inte lita på sina myndigheter. Varför ska de tro på makthavare som alltid ljuger?

Myndigheterna är naturligtvis väl medvetna om detta. I Moskva, som är värst drabbat, införs drakoniska böter för den som bryter mot reglerna om utegångsförbud. Allt handlar om att bötfälla och straffa, inte om förtroende och begriplighet.

När coronapandemin börjar mattas av har Putinregimen visserligen lyckats trassla sig igenom den så kallade folkomröstningen. Med hjälp av de sedvanliga verktygen manipulation och valfusk har man dragit upp ja-siffran till knappt 78 procent och valdeltagandet till 65 procent.

Men Putins opinionssiffror är rekordlåga. Ryssland har drabbats hårt av coronan, det verkliga antalet döda är flera gånger större än de officiella siffrorna och ekonomin går bakåt med över 9 procent under årets första hälft.

Inför ett allvarligt yttre hot har Putins system visat sig handfallet och svagt. Trots att Putins devis alltid har handlat om motsatsen: Ryssland ska vara starkt och mäktigt, Ryssland kräver respekt.

Mycket i den ryska politiken går ut på att bygga upp Potemkinkulisser kring Putins projekt för att få dem att framstå som demokratiska processer. Det är tidskrävande, dyrt och besvärligt, och det tar mycket resurser och ansträngning från andra frågor.

Grundlagsändringarna är en grannlaga operation för Kreml, precis som president- och parlamentsval är det. Man måste säkra rätt resultat, men man får samtidigt inte fuska och manipulera alltför grovt. Man måste få väljarna till valurnorna, trots att man i tjugo år har demonstrerat för dem att det inte spelar någon roll hur de röstar och därmed gjort dem passiva och ovilliga att delta i val.

Många i väst verkar tro att det är en lätt uppgift att få ett envälde att framstå som demokratiskt. Men det är det inte, uppgiften är i praktiken omöjlig. Att vara lite demokratisk är lika lätt som att vara lite gravid.

Kremls metod handlar inte om att lura hela sin befolkning – det kan man inte. Den handlar om att övertyga tillräckligt många ryssar om att alternativet till Putinregimen är sämre.

Det är inte säkert att coronapandemin innebär början till slutet för Putinregimen. Däremot står det klart att den knappast hade kunnat komma mer olägligt. Uttryckligen i en situation där Putin hade inlett en kampanj för att sitta kvar på livstid gjorde coronanviruset entré och blottade en rad besvärande omständigheter.

Den ryska hälsovården fungerar inte.

Ryssland kan inte skydda sina medborgare.

Putin förmår inte garantera stabilitet.

Kejsaren är naken.

20. SAMMETSDIKTATURENS LÄRDOMAR

JAG FÅR OFTA frågan hur jag står ut med att bo i Ryssland. Både av ryssar och västerlänningar. Varför bo och arbeta i ett land där vardagen är så besvärlig? Där byråkratin är så snårig och myndigheterna så opålitliga? Du skulle ha ett mycket enklare liv i Europa.

Det är sant. Men också ett mycket mindre intressant liv.

Den ryska författaren Viktor Jerofejev sade en gång till mig att han inte kan begripa vad till exempel svenska författare skriver om. Vad finns att skriva om i ett land där alla använder säkerhetsbälte? undrade han, och det var en uppriktig fråga.

När han sade det kände jag ett styng av dåligt samvete. Jag vet ju att en orsak till att Ryssland är ett land som aldrig slutar fascinera mig är alla dess olyckor. Att det finns så mycket bråte att gräva i. Att det är ett land med en historia av krig, förtryck, diktaturer, fångläger och fruktansvärda orättvisor. Det har skapat spänningar och trauman, det har fött hjältar och skurkar, det har lett till att man som journalist ständigt har förmånen att skriva om de stora frågorna, om liv och död. Man har aldrig tråkigt, man blir ständigt överraskad. Detta väldiga människoexperiment som hette Sovjetunionen kastade miljoner människor in i en gigantisk virvel, de rycktes upp med sina rötter, alla band bakåt klipptes av och människan blev en atom. Men människan förblir i grunden människa också i ett omänskligt system, hon vill veta vem hon är och varifrån hon kommer. Trettio år efter Sovjetunionens fall pågår fortfarande ett sökande efter rötter, identitet och historia som gör Ryssland till land outtömligt på historier.

Att få skriva om allt detta är ett privilegium, framför allt eftersom man inte är en del av det själv. Man drabbas inte själv av dessa olyckor. Det är viktigt att vara medveten om sina privilegier. Det är också viktigt att inse att man som utomstående alltid på något plan famlar i mörker. Man ser och förstår med tiden mer och mer. Men man ser inte allt.

Av den anledningen har jag länge vinnlagt mig om att ha en ödmjuk inställning när ryssar säger saker jag inte håller med om. Jag vet att de har erfarenheter som jag saknar, att människan formas av sin omgivning och att det på något plan gör oss blinda för andras bevekelsegrunder.

Men efter sammanlagt över tio år i Ryssland har jag också insett att förståelsen har en gräns.

Jag talar inte om babusjkor som stöder Stalin. Min gräns kommer när utbildade, urbana personer som har rest eller rentav bott i västländer, kanske fått medborgarskap i något EU-land, fortfarande håller fast vid intellektuellt lättjefulla resonemang som »korruption finns överallt, den är bara lite värre hos oss«. Eller när ryska akademiker och analytiker i intervjuer reflexmässigt hostar upp samma gamla schabloner och bekväma klichéer, och försöker avfärda varje invändning som ett tecken på att man inte har förstått hur det fungerar.

(Vanliga schabloner är att västvärlden är dubbelmoralisk, att det inte är något speciellt med Rysslands våldsamma förflutna eller att besvara varje kritisk frågeställning med att relativisera den till oigenkännlighet.)

Detta fenomen är också vanligt hos utlänningar som har bott länge i Ryssland. De anser att de, precis som ryssarna, har fattat hur saker fungerar. På något plan är det lätt att förstå vad det handlar om. Känslan av att vara smartare än alla andra är berusande.

Det var när Ryssland annekterade Krimhalvön som jag insåg att det här sättet att resonera inte är något som kommer att gå över av sig självt. Om inte en förändring sker i Ryssland kommer det att fortsätta. Det frodas och uppmuntras så länge landet styrs av en auktoritär regim, därför att det är bekvämt och till intet förpliktande.

Flera av mina ryska vänner motsatte sig annekteringen av Krim. Inom kort omvandlades dock frågan i deras ögon till något väst och Ukraina borde »lägga bakom sig«. Nu var det enda förnuftiga att erkänna faktum och börja behandla Ryssland som om ingenting hänt.

Resonemanget går inte ut på att försvara Ryssland. Det går ut på att betrakta det skedda som ett oberoende av Ryssland framkallat händelseförlopp, där ingen är skyldig. Plötsligt hade annekteringen av Krim blivit ett problem där bägge sidor är lika skyldiga. Inte ett resultat av att Ryssland hade gått in på ukrainskt territorium och stulit 25 000 kvadratkilometer.

– Hur länge ska det här fortgå? Alla de här sanktionerna. När ska västvärlden ta sitt förnuft till fånga? undrade en väninna till mig, som några år innan hade gått i demonstrationståg mot kriget i Ukraina.

– Problemet är att Ryssland annekterade Krim. Situationen har ju inte ändrats på den punkten, säger jag.

– Det som har skett har skett.

Min väninna är inte en person som gillar Putin, tvärtom. Ändå upplever jag starkt att just denna utgångspunkt – tendensen att relativisera allt – lägger krokben för Kremls förmåga att förstå omvärlden. Man förväntar sig att alla andra tänker på samma sätt som en själv. När de inte gör det anklagar man omvärlden för hyckleri. Det är därför många i Ryssland drar den bekväma slutsatsen att västvärlden vill straffa dem med sanktioner inte på grund av vad de har gjort, utan vilka de är.

Och om det är sant behöver inte Ryssland ändra på något. Man kan istället sitta och tycka synd om sig själv i en värld fylld av russofober.

I början av min korrespondentkarriär betraktade jag det som min plikt att försöka förstå den här sortens resonemang. Jag lyssnade också på svar som egentligen inte var svar utan klichéer, men som jag misstog för riktiga svar.

Några exempel:

– Huvudsaken är att det inte blir krig.

– Det är inte folk som krigar utan politikerna. Folket vill ha fred.

Vad betyder det att folket vill ha fred? Det betyder ingenting, det är en truism. Ingen vill leva i ett krig, vare sig i Ryssland eller någon annanstans.

När man i Ryssland poängterar att folket vill ha fred lutar

man sig tillbaka på traditionell sovjetpropaganda vars egentliga budskap inte handlade om fred. Det handlade om att den som vill ha fred måste acceptera sovjetisk dominans.

Att säga att man vill ha fred är ofarligt. Det går inte att tolka som regimkritiskt. Det är därför ett bra svar i alla sammanhang. Precis som det aldrig kan vara fel att säga: »Huvudsaken är att det inte blir krig.«

Också min mormor kunde säga »Bara det inte blir krig.« Men när hon sade det hänvisade hon till en konkret erfarenhet. Hon hade varit med om kriget.

När samma fras uttalas i Ryssland betyder det sällan att man relaterar till egna erfarenheter. Frasen handlar om något annat, oftast om att flytta fokus från ett problem. Man förminskar det genom att sätta det i relation till något annat. Det kan också vara ett sätt att säga att man får stå ut med vissa otrevligheter och orättvisor för att slippa ännu större problem. Putin kanske inte gör allt rätt, men huvudsaken är att det inte blir krig.

Uttalandet är oerhört bekvämt. Det förpliktar inte till någonting och ger dessutom en aura av legitimitet. Man ger sken av att vilja det bästa.

Jag trodde länge att jag som korrespondent var förpliktad att ta den här sortens svar på allvar. Det tog tid innan jag insåg att när någon svarar på en fråga med att uttala en självklarhet så är det inget svar, utan ett sätt att slippa svara.

Relativiserandet sker inte alltid medvetet. Det ligger bara nära till hands, ett bekvämt verktyg att greppa, man gör det slentrianmässigt och utan att tänka.

Påfallande är att samma sorts resonemang nu blir allt vanligare i västvärlden. I populismens tidevarv är alla lika goda kålsupare. Putin, Trump, Bolsonaro och Orbán fungerar alla på samma sätt. De trycker på knappar, de säger saker som väcker känslor och associationer. De får folk att tro att de har förstått något.

I Ryssland är intellektuella och dissidenter ofta mycket svartvita i sin relation till både makthavarna och sitt eget land. Länge hade jag svårt att förstå varför de förefaller betrakta varje försök att vara nyanserad som kapitulation. I dag tolkar jag deras svartvithet som en motreaktion mot relativiserandet. De värjer sig instinktivt mot varje försök att inordna deras ståndpunkter i en jämngrå helhet där alla är lika bra eller dåliga, beroende på synvinkeln.

I Ryssland har jag lärt mig att man måste vara på det klara med vad intellektuell ärlighet betyder. Alla har rätt till sitt eget perspektiv, men allas perspektiv kan inte likställas i alla sammanhang. Om man gör det kan man inte förstå vad som egentligen har hänt.

Året är 2015. En frostkall februaridag pulsar jag omkring med snö upp till knäna i ett före detta Gulagläger utanför Perm. Lägret heter Perm-36. Jag lyssnar medan museidirektören Natalja Simakova förklarar hur museets nya profil ska se ut.

– Fram till nu är det bara lägerfångarnas perspektiv som har lyfts fram. Vi vill att också fångvaktarna ska få berätta sin version om hur det gick till. Annars är det inte objektivt.

Enligt Simakova är alltså allas perspektiv från ett straffläger lika viktiga och trovärdiga. Vaktens perspektiv är lika värdefullt som fångens. I teorin låter detta logiskt, i praktiken leder det till ett museum vars innehåll inte går att begripa. Om förövarna i en förtrycksapparat värderas på samma sätt som de förtryckta blir ju slutresultatet att inget förtryck har existerat. Hur ska man då förstå varför Gulaglägren över huvud taget byggdes?

Som ett led i processen att »lyfta fram fångvaktarnas perspektiv« har en fotoutställning av prominenta dissidentfångar avlägsnats. Enligt den nya museiledningen ska man antingen ha bilder på varenda fånge, eller också inga bilder alls. Att berätta fångarnas historia innebär ju att man gör dem till människor, personligheter som besökarna kommer att minnas. Det innebär att besökarna får hållpunkter i sin förståelse av Gulag. Och det är inte meningen. I Putins Ryssland gäller det att släta ut och grumla till, bygga barriärer kring smärtpunkterna, bädda in dem i oväsentligheter så att de inte syns. Att relativisera i det oändliga tills ingenting längre är sant och all förståelse omöjlig.

Ryssland kan aldrig komma vidare i sin identitetsjakt om man inte gör upp med det här utslätandet och tillgrumlandet. Och det sker inte så länge Ryssland styrs av Putinregimen. Putinregimen är inte evig, det kommer en förändring. Frågan är hur lång tid det tar och hur mycket tid som går förlorad under tiden.

När jag flyttade till Moskva första gången 2006 var jag uppfylld av tanken att skildra det moderna Ryssland, som jag ansåg att västvärlden var alldeles för okunnig om. Fjorton år senare har jag inte ändrat åsikt om att Ryssland kan bli en demokrati.

Men jag har inte längre några illusioner om vad det kräver. Det förutsätter obönhörligt att landet drar upp huvudet ur sanden, att man slutar relativisera, grumla till och släta ut.

Och den saken har mycket lite med västvärlden att göra. Det har enbart att göra med Ryssland själv och dess ovilja att tampas med sina demoner.

Under mina drygt tio år i Ryssland har jag själv förändrats som person. På vissa plan har jag blivit mer tillåtande, på andra mer kategorisk. Jag har utvecklat en känsla för människor och personer som driver en agenda utan att säga det rent ut. Jag har svårt att acceptera otydligheter och halvkvädna visor, eftersom jag vet att de leder till att man aldrig går till botten med saker utan blir kvar i sin bekväma bubbla. Jag vill att folk ska säga rent ut vad det är frågan om och inte gömma sig bakom antydningar. Det beror på att jag så många gånger suttit i intervjusituationer där folk vägrar ge riktiga svar, de antyder och låter förstå och vill att man själv ska fatta. Resultatet blir att förståelsen inte alls ökar. Alla bara förblir i sin egen uppfattning.

Framför allt har jag svårt för alla former av relativiseringar. Att relativisera allt leder till att ingenting är sant. Det är det som Kreml vill att vi ska tro: att ingenting är sant och alla ljuger.

Om människan tror att sant och falskt, rätt och fel har slutat existera blir hon antingen tokig eller cynisk. Att förlora tron på allt kan kännas lockande, därför att det befriar en från ansvar. Utmärkt – ur en diktators synvinkel. Det är just därför vi inte får göra det.

Ryssland leds av cyniker, men Ryssland har inte gjort mig cynisk. Tvärtom. Jag har lärt mig att människan övervinner allt. Inte bokstavligen – när jag skriver detta sitter Jurij Dmitrijev fortfarande bakom galler. Det får mig ändå inte att tappa tron. Hur kan jag göra det när sådana som Dmitrijev, som faktiskt skulle ha orsak att tappa tron på allt, vägrar?

Ryssarnas seger mot sammetsdiktaturen är att det finns så många människor som inte går med på relativiserandet. Perm-36 är ett bra exempel – det är Rysslands enda väl bevarade Gulag-läger, som har restaurerats av frivilliga krafter. Människor som vill bevara detta vittnesmål från en diktatur, som vill att landet ska minnas och förstå sin historia.

Putinregimen tog deras museum ifrån dem och förvandlade det till oigenkännlighet. Men de här människorna och deras arbete finns fortfarande kvar. Vittnesmål de har samlat in, böckerna, rösterna. Att förinta allt de åstadkommit går inte. Det är redan för stort.

Samtidigt som Ryssland på vissa plan har gjort mig mer kompromisslös har det på andra plan gjort mig mer tillåtande. Jag har blivit mer luttrad när det gäller att ta kritik och konfrontationer – i Ryssland är konfrontationer en del av det dagliga livet, ingenting man behöver ta personligt och inget som nödvändigtvis måste klaras upp efteråt. Man kan få emotionella utbrott och sedan fortsätter vänskapen som om ingenting hänt. Inställningen till att vara människa är mycket mer förlåtande. Att stå ut med andras åsikter är något man ständigt övas i när man är bosatt i Ryssland.

Allt handlar om att lära sig se den andra. En viktig övning, den mest väsentliga, som aldrig tar slut.

TACK TILL

Koneen Säätiö
Konstsamfundet
Svenska kulturfonden